Nicola Koch / Ines Teitge-Blaha

Vegetarisch kochen – thailändisch

Nicola Koch / Ines Teitge-Blaha

Vegetarisch kochen – thailändisch

pala verlag

Inhalt

Thailändisch kochen: ein Fest für die Sinne!

Die thailändische Küche hat den Ruf, eine der besten der Welt zu sein. Zu Recht, wie wir finden, denn ihre Gerichte sind leicht, frisch und ihre geschmackliche Vielseitigkeit vermag uns immer wieder aufs Neue zu begeistern. Dafür sorgen vor allem raffinierte Kombinationen frischer Kräuter und Gewürze – wie Koriander, Thai-Basilikum, Chili, Ingwer, Knoblauch und mehr – die zu schmackhaften Würzpasten verarbeitet oder den Gerichten pur zugegeben werden.

Süß, sauer, scharf, salzig, bitter – eine thailändische Mahlzeit besteht meist aus mehreren dieser fünf unterschiedlichen Geschmacksrichtungen und vereint gleichzeitig verschiedenartige Konsistenzen wie weich, knusprig, cremig, knackig in einem Essen. Auch auf eine ansprechende Optik der Speisen legt man großen Wert, dekoriert sie zu feierlichen Anlässen mit durch kunstvolle Schnitzereien verziertem Obst, Gemüse und hübschen exotischen Blüten.

Gerne möchten wir Ihnen in diesem Kochbuch zeigen, wie Sie selbst auf leichte Art köstliche Thai-Gerichte kochen können, welche Zutaten Sie dafür benötigen und wie Sie am besten mit ihnen umgehen. Dazu haben wir Ihnen eine umfassende Auswahl vegetarischer Thai-Rezepte zusammengestellt.

Ob würzig-scharfe Currypaste, raffinierter Salat oder schnelles Wokgericht – lassen Sie sich von den herrlichen Düften der thailändischen Küche verzaubern! Schon bei der Zubereitung, beim Schneiden und Erhitzen der Speisen, entfaltet sich ein wahres Feuerwerk an frischen, würzigen und zitrusfrischen Aromen, die das Essen zu einem ganzheitlich sinnlichen Erlebnis machen.

Übrigens: Die zum Nachkochen notwendigen nicht-einheimischen Zutaten bekommen Sie meist in speziellen Asialäden, aber auch viele Supermärkte und Naturkostläden verfügen mittlerweile über eine große Auswahl an Kochzutaten für die Thaiküche.

Wir wünschen Ihnen viel Spaß mit diesem Buch und gutes Gelingen!

Kleine Landeskunde

Thailand hat im Umriss die Form eines Elefantenkopfes. Es grenzt im Norden (oberes Elefantenohr) an Myanmar (Birma) und Laos, im Osten (unteres Elefantenohr) an Laos und Kambodscha und mit seiner Halbinsel (dem Elefantenrüssel) im Süden an Malaysia, im Westen an den Indischen Ozean und im Osten an den Golf von Thailand.

Das Zentrum Thailands ist die wirtschaftlich bedeutende Ebene des *Chao Praya*, des größten Flusses des Landes. Hier befindet sich die „Reisschale" Thailands, in der intensiv Landwirtschaft betrieben wird. Die Ebene wird im Westen und Norden durch Hügel und Berge begrenzt. Im Osten befindet sich das eher trockene und vegetationsarme Hochplateau des *Khorat*. Die südliche Halbinsel zeigt sich dagegen mit tropischem Klima und üppiger Vegetation. Hier säumen Palmwälder die Strände und in den tropischen Wäldern gedeihen Limetten, Orangen, Mangos, Papayas, Bananen, Ananas und Kokosnüsse. Auch der Anbau von Kaffee, Zuckerrohr, Maniok, Sojabohnen, Mais und Tabak hat wirtschaftliche Bedeutung.

Der Monsun hat klimatisch Einfluss auf ganz Thailand. Es gibt drei Jahreszeiten: die eher gemäßigte, trockene Zeit von Oktober bis März, die sehr heiße von April bis Juni und die Regenzeit von Juni bis Oktober. In dieser Zeit treten die Flüsse häufig über die Ufer und hinterlassen fruchtbaren Schlamm auf den Feldern, was dem Reisanbau zugute kommt.

Spaß am Essen in Thailand, dem „Land der Freien"

Essen und Trinken sind für die Thailänder Basis jeglicher Kultur, die Grundlage menschlichen Daseins. Der Spaß am guten Essen ist oft wichtigstes Gesprächsthema. Auf dem Land gibt es sogar noch die Begrüßungsfloskel „Hast du schon gegessen?" oder „Komm essen". Essen hat schon regelrecht mythische Qualität. Die Thais lieben alles, was *„sanuk"* (Vergnügen) macht und dazu gehört ganz besonders das Essen. Sie lieben auch kleine Snacks, *„ginlen"*, was so viel heißt wie „aus Spaß essen".

Kein Wunder also, dass sie sich so viel und gerne mit dem Essen beschäftigen und dies an allen möglichen Orten tun – ob auf Märkten, auf Flüssen, die das ganze Land kreuz und quer durchziehen, in mobilen Garküchen auf der Straße, an Bushaltestellen und Bahnstationen, in der Nähe von großen Bürogebäuden, in Parks und sogar in Tempelanlagen. Die mobilen Garküchen *(hahp)*, die entweder auf den Schultern (je zwei geflochtene Rattankörbe an einem Bambusrohr hängend), auf Handwagen, Fahrrädern, Booten oder Dreiradwagen transportiert werden und sich klingelnd oder Töpfe schlagend ankündigen, spielen eine große Rolle im thailändischen Alltag. Auch werden die abenteuerlichsten Gegenstände zum Kochen verwendet, alte ausgediente Ölkanister werden mit Holzkohle gefüllt und zum Grillen verwendet, mit mobilen Gasbrennern werden ganze Menüs gezaubert, kurzum – es mangelt dem Thailänder in Bezug auf Essenszubereitung auf kleinem Raum nicht an Ideen. Auch in den modernen Kaufhäusern ist oft eine ganze Etage der kulinarischen Leidenschaft der Thailänder gewidmet. Überall, wo man in Thailand geht und steht, steigt einem die charakteristische Mischung aus Limettenblättern, Koriander, Thai-Basilikum, Ingwer, Kokos, Knoblauch und Duftreis in die Nase. Selbst nachts hat man besonders in den Städten auf so genannten Nachtmärkten die Möglichkeit, eine Schüssel Nudeln zu sich zu nehmen, hier wird die Nacht aufgrund der tagsüber drückenden Hitze zum Tag gemacht.

Einflüsse aus China und Indien und aus den Nachbarländern Myanmar (Birma), Laos und Malaysia spiegeln sich in der Küche Thailands wider. Auch die Portugiesen haben ihre Spuren hinterlassen. Sie brachten die Schärfe in Form von Chilis nach Asien und inspirierten die Thailänder auch in Bezug auf Süßspeisen. Kaum ein anderes asiatisches Land widmet sich mit solcher Hingabe der Zubereitung von Kuchen und Desserts.

Da die Mehrheit der Bevölkerung ihren täglichen Reis noch immer in der Landwirtschaft verdient, kreisen viele Feste um das Säen und Ernten, um Früchte und die Bitte um Regen. Reis gilt in Thailand als heilig und der Höhepunkt eines jeden Festes ist ein üppiges Essen.

Essgewohnheiten

Der Tag beginnt in Thailand mit einer Reissuppe (oft mit Ei als Einlage), die mit Knoblauchöl oder einer scharfen Chilisauce *(nam prikh)* gewürzt wird. Mittags und abends folgen die zwei Hauptmahlzeiten, die aus Suppe, Reis, Salat und einem Curry- oder pfannengerührten Gericht bestehen, begleitet von Fischsauce *(nam pla)*, gehackten Chilis und anderen Gewürzen. Abgerundet wird die Mahlzeit mit einem Dessert oder frischen, süßen Früchten. Suppe gehört zu jedem thailändischen Mahl, jedoch nie als Vorspeise, sondern immer gleichzeitig mit den anderen Gerichten. Bei einer thailändischen Reistafel werden um eine große Schale gedämpften Reis (vor allem im Norden und Nordosten wird Klebreis verwendet) verschiedene Gerichte arrangiert und in beliebiger Reihenfolge verzehrt. Die Anzahl der Gerichte hängt vom Wohlstand des Gastgebers ab.

Traditionell wurde in Thailand mit den Fingern gegessen, wobei der Reis mit der rechten Hand zu kleinen Bällchen geformt und in die verschiedenen Saucen getunkt wurde. Inzwischen sind Löffel und Gabel sehr verbreitet, der Löffel wird zum Essen verwendet, mit der Gabel schiebt man das Essen auf den Löffel. Auch Messer werden benutzt. Stäbchen nehmen Thailänder meist nur für Nudeln.

Zum Essen trinken Thailänder am liebsten Wasser, Tee und Fruchtsäfte, seltener Bier und fast nie Wein.

Die Zutaten für ihre Mahlzeiten beziehen sie von den unzähligen Märkten, auf denen ein schier überquellendes Angebot an frischem Gemüse, frischen exotischen Früchten und Reis herrscht, dazu eine Vielzahl an Kräutern und Gewürzen. Im Mittelpunkt der Thai-Küche steht – im Gegensatz zur europäischen Küche – nicht der Kochkünstler, sondern das Werk, was erklärt, dass es keine thailändischen Starköche gibt.

Das Auge isst mit

Das Essen in geselliger Runde hat in Thailand einen hohen Stellenwert. Die Gäste sollen verwöhnt und mit allen Sinnen angesprochen werden. Der köstliche Duft exotischer Kräuter und Gewürze lässt schon im Vorfeld erahnen, welch raffinierte

Geschmackserlebnisse den Gaumen erwarten. Dazu kommt die appetitanregende Präsentation der Gerichte. Das Auge isst mit – das Darbieten der Speisen ist in Thailand zu einer komplexen Kunst entwickelt worden, der man sich mit größter Leidenschaft widmet.

Je größer die Feier und je wohlhabender die Gastgeber, desto aufwändiger wird dekoriert. Farbenprächtige, exotische Blumen und duftende Girlanden aus Jasminblüten schmücken den Raum. Filigrane Schnitzereien aus Obst und Gemüse verzieren die angerichteten Speisen. Über die naturgetreue Ausarbeitung von Blüten und Figuren, die in einem Stück kunstvoll aus Wassermelonen, Mangos, Rettich, Möhren und Chilis herausgearbeitet werden, kann man nur staunen. Gemüse- und Obstschnitzer ist in Thailand ein eigener Lehrberuf. Wahre Könner machen aus fast jeder festfleischigen Frucht ein Objekt von außerordentlicher Schönheit.

Auch Desserts werden mit viel Liebe zum Detail angerichtet. Für einen Europäer erscheinen diese Kunstwerke zum Essen oft viel zu schade. Für einen Thailänder gehören sie als stilvolle Ergänzung eines Menüs einfach dazu und mildern im Nebeneffekt auch noch die oft lange nachwirkende Schärfe der Hauptgerichte ab. Nicht nur bei festlichen Anlässen, sondern auch im Alltag wird viel Wert auf das appetitliche Anrichten der Speisen gelegt.

Die üppige Vegetation Thailands liefert neben reichlich farbenfrohem Obst, Gemüse und prächtigen Blüten auch noch andere Zutaten zur Dekoration. Aus Bambus, Bananen- und Palmblättern werden elegante, sattgrüne Tischsets, Serviettenringe oder raffinierte Schalen und Schälchen für Speisen und Saucen hergestellt.

Der Tisch wird, wie schon erwähnt, nicht mit Stäbchen, sondern mit Löffeln, Gabeln und Messern eingedeckt. Im Gegensatz zur aufwändigen Dekoration der Speisen ist die Auswahl des Geschirrs meist eher schlicht. Schälchen und Schüsseln in dezenten Farben und Formen harmonieren perfekt mit den thailändischen Köstlichkeiten.

So schaffen Sie thailändische Atmosphäre

Wenn Sie nun selbst die thailändischen Rezepte aus diesem Buch ausprobieren wollen, lohnt es sich – egal, ob Sie für sich selbst kochen, für Ihre Familie oder für Gäste –, auch ein wenig Thai-Atmosphäre rund ums Essen zu schaffen. Dafür gibt es ein paar ganz einfache Tricks. Stilecht wirken zum Beispiel Platzsets aus Bananen- oder Palmblättern. Die gibt es fertig zugeschnitten und in Klarsichtfolie verpackt (eigentlich als Dämpfhülle zum Kochen, etwa in DIN-A4-Größe) im asiatischen Lebensmittelgeschäft. Auch passende Serviettenringe können Sie sich daraus basteln, wenn Sie ein Palmblatt in etwa 4 cm breite Streifen schneiden, zu einem Ring schließen und mit einem dünnen Bambusstäbchen zusammenstecken. Mit hübschen Stoffservietten wird die Sache perfekt.

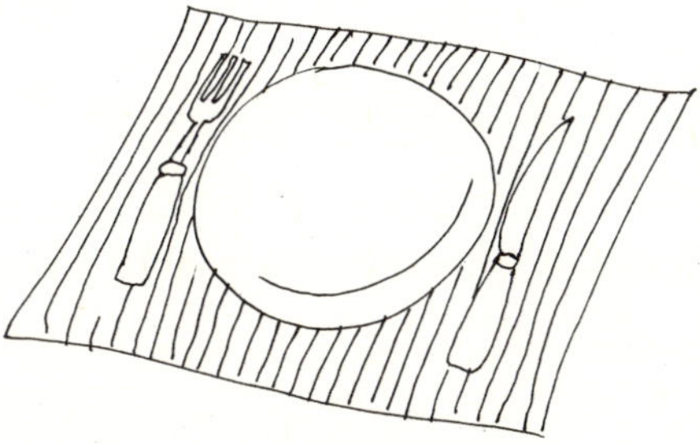

Auch mit ein paar exotischen Blüten zaubern Sie schnell das passende Ambiente für ein stilvolles thailändisches Essen. Sehr dekorativ sind große Hibiskusblüten in flachen, mit Wasser gefüllten Glasschälchen. Sehr edel wirkt auch eine Blumendekoration aus Orchideen. Ordnen Sie dafür hohe, schlanke Vasen in einer Reihe auf der Mitte des Tisches an und stellen Sie jeweils eine Schnittorchidee hinein. Auch Topforchideen in schönen Übertöpfen oder einige Stiele des korkenzieherartig gedrehten Glücksbambus ergeben eine passende Dekoration.

Die fertigen Speisen können Sie mit frischen Kräutern (Korianderblättchen, Thai-Basilikum, Schnittknoblauch) oder Limettenscheiben garnieren, was schön aussieht und außerdem herrlich duftet.

Originell und ganz leicht zu machen sind Blüten aus Frühlingszwiebeln oder Chilischoten. Dafür schneidet man Frühlingszwiebeln in 6-7 cm lange Stücke und schneidet sie dann längs von einer Seite mehrmals 3-4 cm tief ein. Die Chilischoten werden von der Spitze her rundherum längs eingeschnitten. Beide legt man für einige Minuten in Eiswasser, so kringeln sich die Spitzen zu Blüten auf.

Currypasten – am besten selbst gemacht

Unentbehrlich für zahlreiche Currygerichte sind die feurig scharfen Currypasten, für die jeder Thailänder sein gut gehütetes Hausrezept hat. Es gibt sie aber auch in Thailand fertig zu kaufen – auf den Märkten manchmal offen, zu kegelförmigen Gebilden gepresst – oder in Gläsern. Die Idee der Currys und die Liebe zur Chilischärfe gehen auf den Einfluss der Inder und Malaien zurück. *Kari* ist das Hinduwort für Sauce, welches von den englischen Kolonialherren in „Curry" umgewandelt wurde und steht für das ganze Gericht bzw. eine Gewürzpaste oder -mischung.

Thailändische Currypasten werden im Unterschied zur indischen Küche, die trockene Gewürze vorzieht, zum größten Teil aus frischen Zutaten zubereitet. Die grüne Currypaste, die vorwiegend aus grünen Chilis und frischem Koriander besteht, ist die allerschärfste. Die rote, die überwiegend aus roten Chilis besteht, ist etwas milder.

Wir empfehlen unbedingt, die Currypasten selbst herzustellen. Es erfordert zwar ein wenig Zeit, aber es lohnt sich: Schon beim Schneiden, Zermahlen und Anrösten der Gewürze und Kräuter fängt die Küche an zu duften. Nur Vorsicht beim Entkernen und Zerkleinern der Chilis: entweder Handschuhe tragen oder die Hände danach gründlich waschen und nicht damit in die Nähe der Augen oder von Schnittwunden kommen!

Selbst gemachte Currypaste lässt sich wunderbar in einem Schraubglas aufbewahren; die Oberfläche mit Öl bedeckt, hält sie sich im Kühlschrank bis zu drei Wochen. Auch portionsweise tiefgefroren lässt sie sich über einen längeren Zeitraum verwenden. Sie eignet sich auch gut zum Verschenken.

Im Unterschied zu fertiger grüner und roter Currypaste sind die selbst gemachten lange nicht so scharf und dafür unglaublich aromatischer. Die Pasten werden meist in heißem Öl angebraten und entfalten so ihr intensives Aroma, verleihen den Currygerichten ihren ganz besonderen Geschmack. Mit der Größe der Chilis bestimmen Sie selbst, wie scharf eine Paste wird. Dabei gilt: je kleiner, desto schärfer!

Schärfeeinteilung der Rezepte
(zubereitet mit selbst gemachten Würzpasten und Saucen, ohne Gewähr!)

 leicht scharf  scharf 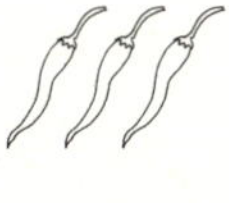 sehr scharf

Warenkunde

Kräuter und Gewürze

Chilis

In Thailand gibt es kaum ein Gericht, das ohne die kleinen Scharfmacher zubereitet wird. Auf den Märkten türmen sich frische und sonnengetrocknete Schoten in vielen Farben und Formen. Je nach Sorte ist auch die Schärfe der Chilis sehr unterschiedlich. Scharf sind die Chilis wegen ihres Inhaltsstoffes Capsaicin, der auch antibakteriell wirkt. Da er sich besonders in Kernen und Seitenwänden der Schoten befindet, entfernt man diese in der Regel bei der Zubereitung. Im asiatischen Lebensmittelgeschäft bekommt man rote und grüne Chilis. Je kleiner die Schoten sind, umso schärfer sind sie. Auch die großen roten Schoten können, wenn sie reif sind, sehr scharf sein. Für die Gerichte in diesem Buch haben wir – soweit nicht anders vermerkt – mittelgroße Chilis verwendet. Außerdem haben wir die Schoten entkernt. Beim Entkernen sollten Sie sich auf jeden Fall Haushaltshandschuhe anziehen. Die Schärfe haftet nämlich sonst hartnäckig an den Fingern – auch nach dem Händewaschen.

Galgant

Galgant ist auch unter dem Namen Thai-Ingwer bekannt und gehört zur gleichen Familie wie der Ingwer. Galgant schmeckt mild-pfeffrig. Die Wurzelknolle hat eine roséfarbene, glänzende Schale mit rosa Wurzelspitzen. Man kann die Stücke ungeschält verwenden. Angeboten wird Galgant meist nur im asiatischen Lebensmittelgeschäft. Beim Einkauf sollten Sie auf feste, frische Knollen achten.

Ingwer

Diese Wurzelknolle ist in Asien eine der beliebtesten Heil- und Gewürzpflanzen. Dort verwendet man Ingwer hauptsächlich frisch gerieben zum Würzen von Speisen und Getränken, denen er eine frische, zitronige Schärfe verleiht. Im Handel wird er aber auch getrocknet, kandiert oder in Essig eingelegt angeboten und bietet so vielseitige Einsatzmöglichkeiten. Auch bei uns ist frischer Ingwer seit Jahren so beliebt, dass er zum Standardsortiment der meisten Obst- und Gemüsehändler gehört. Für viele asiatische Gerichte ist er geschmacklich einfach unverzichtbar und lässt sich durch Ingwerpulver nur bedingt ersetzen. Beim Einkauf sollten Sie darauf achten, dass die Schale der Wurzelknolle glänzend und fest ist. Zum Aufbewahren schlagen Sie Ingwer am besten in ein feuchtes Tuch ein und legen ihn ins Gemüsefach des Kühlschranks.

Koriander

Koriander wird häufig als die Petersilie Asiens bezeichnet, denn es ähnelt unserer Petersilie im Aussehen und wird in der thailändischen Küche sicher genauso häufig verwendet. Geschmacklich gleichen sich die beiden Kräuter allerdings überhaupt nicht. Koriander hat ein ungewöhnliches und sehr intensives Aroma. In zahlreichen Gerichten und den klassischen Currypasten ist das feinblättrige Kraut eine der dominierenden Zutaten. Außer den Blättchen verwendet man auch die Wurzeln und Samen. Friert man frischen Koriander ein, ist das Restaroma nach dem Auftauen eher enttäuschend. Kaufen Sie ihn lieber frisch im asiatischen Lebensmittelgeschäft und stellen Sie ihn ungewaschen in ein Glas, mit den Wurzeln etwa 1 cm tief ins Wasser. Darüber stülpen Sie einen Plastikbeutel und stellen das Glas in den Kühlschrank. Dort hält sich das Kraut einige Tage. Im Frühjahr können Sie Koriander aus Samen selber ziehen. Dann haben Sie die aromatischen Blättchen den ganzen Sommer über immer frisch zur Hand.

Kreuzkümmel

Kreuzkümmelsamen sehen dem bei uns gebräuchlichen Kümmel sehr ähnlich, haben aber ein ganz anderes, intensives bitterscharfes Aroma. Gemahlener Kreuzkümmel ist ein wichtiger Bestandteil von Currypasten und -pulvern.

Kurkuma (Gelbwurz)

Kurkuma ist eine Wurzelknolle. Im asiatischen Lebensmittelgeschäft werden die orange-braunen Wurzelstücke frisch angeboten. Bei uns kennt man Kurkuma eher als Gewürzpulver und farbgebende Zutat für Currypulver. Der Geschmack der frischen Knolle ist viel würziger als der des Pulvers, dazu leicht scharf und etwas bitter. Beim Schälen sollten Sie unbedingt Haushaltshandschuhe tragen, denn das leuchtend orangefarbene Innere der Knolle färbt sehr stark. Kurkuma können Sie wie Ingwer fein reiben, hacken oder durch die Knoblauchpresse drücken.

Limettenblätter

Die dunkelgrün glänzenden Blätter duften intensiv nach Limette. Viele thailändische Gerichte bekommen durch das erfrischend zitronige, appetitanregende Aroma erst ihre besondere Raffinesse. Man kann die Blätter, ähnlich wie beim Lorbeer, ganz mitkochen. Oder man gibt sie den Speisen fein in Streifen geschnitten oder gehackt hinzu. Aufbewahren im Kühlschrank oder Einfrieren ist bei dieser Würzzutat kein Problem.

Palmzucker

Wird aus dem Saft spezieller Palmarten gewonnen und zum Erstarren in runde Formen gepresst. Von diesen Formen kann man den Palmzucker abreiben oder schmelzen. Manchmal wird er auch grob gekörnt angeboten. Palmzucker ist nicht ganz so süß wie normaler Zucker und schmeckt leicht nach Karamell. In den Rezepten kann man ihn durch Roh-Rohrzucker oder Vollrohrzucker ersetzen.

Pandanblätter (Pandanusblätter)

Diese länglich flachen, duftenden Blätter bekommt man frisch im gut sortierten asiatischen Lebensmittelgeschäft. Ihr Aroma ist leicht nussartig und gibt thailändischen Desserts Farbe und einen besonders interessanten Geschmack. Auch für Currys, Reis- und Nudelpfannen eignen sie sich als Würzzutat. Bevor die Blätter dem Gericht zugegeben werden, schneidet man sie längs in Streifen und bindet sie wieder zusammen. So können sie ihr Aroma optimal freisetzen. Ein kleiner Streifen kann dem Reis beim Kochen zugegeben werden. Vor dem Servieren werden die Blätter wieder entfernt. Außerdem eignen sich die breiten, äußeren Blätter zum Einwickeln von süßen oder pikanten Reisgerichten, die über Dampf gegart werden. Pandanblätter gibt es auch tiefgefroren, getrocknet oder als Essenz im asiatischen Lebensmittelgeschäft.

Schnittknoblauch
Die Blätter liegen geschmacklich zwischen Schnittlauch und Knoblauch. Falls man ihn im Asienladen nicht bekommt, kann man eine Mischung aus Schnitt- und Knoblauch verwenden.

Thai-Basilikum
In Thailand gibt es mehrere Sorten Thai-Basilikum, von denen im asiatischen Lebensmittelgeschäft eine grünblättrige *(bai horapa)* und eine rotblättrige Sorte *(bai grapao)* angeboten werden. Thai-Basilikum ist etwas herber als seine europäischen Verwandten und hat eine leichte Anis-Note. Rotblättriges Basilikum schmeckt schärfer und erinnert an Gewürznelken. Das Thai-Basilikum wird meist frisch über die fertigen Speisen gestreut. Die Thailänder servieren es aber auch kurz gebraten als Gemüsebeilage.
Im Kühlschrank kann man Thai-Basilikum im Plastikbeutel einige Tage aufbewahren. Einfrieren oder Trocknen verträgt das Kraut nicht so gut, denn es verliert dadurch einen Großteil seines außergewühnlichen Aromas. Wenn etwas frisches Thai-Basilikum übrig bleibt, können Sie daraus ein Würzöl herstellen. Dafür geben Sie die gewaschenen, abgezupften Blättchen in eine Flasche und füllen sie mit Sojaöl auf, sodass alle Blätter bedeckt sind. Das Würzöl wird verschlossen kühl und dunkel aufbewahrt.

Thai-Schnittlauch
Dekorativer Schnittlauch mit essbaren Blütenknospen. Die Halme sind dicker als beim normalen Schnittlauch, der Geschmack ist knoblauchartig.

Tamarinde
Aus den Schoten des Tamarindenbaums wird das dunkelbraune, samenhaltige Tamarindenmark gewonnen. Tamarinde wird in Thailand gerne zur Zubereitung von sauren oder süßsauren Speisen verwendet. Tamarindenmark oder -mus bekommt man im Glas oder in Beuteln eingeschweißt im asiatischen Lebensmittelgeschäft. Im Kühlschrank hält es sich einige Wochen. Das Mark löst man in etwas heißer Flüssigkeit auf, das Mus kann dann dem Gericht direkt zugegeben werden. Tamarindensaft ist eine erfrischende Basis für Getränke.

Zitronengras
Dieses auch als Lemongras bezeichnete Gewächs ist eine der typischen Würzzutaten der thailändischen Küche. Die lauchartigen Stängel sind etwa 20-30 cm lang und haben ein intensiv zitronenartiges Aroma. Zum Kochen verwendet man die weißen, inneren Stängelteile. Die äußeren Hüllblätter werden entfernt, vom Wurzelende wird etwa 0,5 cm und vom grünen Stängelteil etwa zwei Drittel abgeschnitten. Der untere weiße Teil wird, fein gehackt, zum Würzen von Pfannengerichten, Suppen, Süßspeisen oder Getränken verwendet. Man kann aber auch größere Stücke mitkochen und vor dem Servieren entfernen. Aus den äußeren weißen Stängelteilen lässt sich ein erfrischender Teeaufguss zubereiten.
Achten Sie beim Einkauf darauf, dass die Stängel nicht ausgetrocknet sind und sich fest und frisch anfühlen. Im Kühlschrank hält sich Zitronengras mindestens zwei Wochen. Man kann es aber auch einfrieren und nach Bedarf stückweise auftauen.

Würzsaucen

Bohnensauce
Dunkelbraune Würzsauce aus Bohnen, mit süßlich-würzigem Geschmack.

Sojasauce

In Thailand verwendet man zwei Arten von Sojasaucen. Es gibt die helle, dünnflüssige Sojasauce mit mildem Geschmack, die sich ideal zum Abschmecken von Currygerichten, Salaten und Snacks eignet. Dann gibt es die dunkle Sojasauce, die etwas dickflüssiger ist und kräftiger schmeckt. Beide Saucen sind salzig und werden aus fermentierten Sojabohnen hergestellt.

Vegetarische Pilzsauce

Dickflüssige, braune Sauce, die aus Shiitake-Pilz-Extrakt, Wasser und Zucker hergestellt wird und den Speisen einen angenehmen, süßlich-würzigen Geschmack verleiht. Sie ist eine wunderbare vegetarische Alternative zu den in der thailändischen Küche üblichen Fisch- oder Austernsaucen.

Öle

Erdnussöl

Erdnussöl ist eines der in der asiatischen Küche am meisten verwendeten Speiseöle. Es enthält nicht so viele mehrfach ungesättigte Fettsäuren wie Soja- oder Sonnenblumenöl, eignet sich deshalb aber gut zum Braten und Frittieren.

Geröstetes Sesamöl

Dieses Öl wird aus gerösteten weißen Sesamsamen hergestellt und wird ausschließlich als Würzöl verwendet. Zum Braten ist es nicht geeignet. Es ist braun, hat ein nussartiges, sehr herbes Aroma und sollte deshalb sparsam verwendet werden.

Sojaöl

Ist ein in Asien gängiges Öl, das in seiner Zusammensetzung dem Sonnenblumenöl ähnelt. Es lässt sich wie dieses sowohl für Salate als auch zum Kochen und Braten verwenden. Bei uns ist Sojaöl häufig in Kombination mit anderen Ölen als einfaches

„Pflanzenöl“ im Handel, erfreut sich seit einigen Jahren aber auch in reiner Form wachsender Beliebtheit. Natives Sojaöl gibt es auch in gentechnikfreier Bio-Qualität.

Früchte

Ananas

Ananas ist eine in Asien sehr beliebte Staudenfrucht, die hauptsächlich frisch als Obst verzehrt wird. Das köstliche Ananasaroma entfaltet sich nur bei reif geernteten Früchten. Andernfalls sind sie sauer und haben wenig Eigengeschmack. Die Farbe der Früchte ist dabei kein sicheres Reifezeichen. Die Schale kann durchaus noch grün sein, auch wenn die Frucht schon reif ist. Machen Sie den bewährten Fingertest. Die Schale sollte auf Fingerdruck leicht nachgeben und am Stielansatz angenehm duften. Ist die Frucht dagegen schon zu lange gelagert und überreif, hat die Ananas einen trockenen Blattschopf und riecht unangenehm süßlich.

Wenn Sie Ananas zubereiten, entfernen Sie zuerst den grünen Blattstiel und schneiden die Frucht dann längs in Viertel.

Den harten Mittelstrunk schneidet man heraus, da er nur wenig Aroma hat. Babyananas sind eine Alternative zur großen Frucht, wenn Sie nicht so viel Fruchtfleisch benötigen. Sie haben in der Regel ein besonders intensives Aroma und sind süßer als die großen Früchte.

Kaffir-Limette

In Thailand ist die Kaffir-Limette eine besonders beliebte Limettenart. Sie enthält wenig Saft, dafür ist ihre runzlige Schale aber besonders aromatisch. Sie wird abgerieben oder eingelegt als Würzmittel für Wokgerichte, Saucen, Pasten, Süßspeisen und Getränke verwendet. Sie lässt sich gut durch normale, glattschalige Limetten ersetzen. Auch die Blätter der Kaffir-Limette sind eine beliebte Würzzutat (siehe Limettenblätter).

Karambole

Diese hellgelbe Frucht mit glänzender Schale ist auch unter dem Namen Sternfrucht bekannt. Schneidet man sie in Scheiben, erhält man Sterne, die besonders in Fruchtsalaten und Drinks sehr dekorativ wirken. Die Frucht ist saftig und schmeckt angenehm herb-säuerlich.

Kokosnuss

In Thailand gehören frische Kokosnüsse zum Alltag.
Sie werden an Straßenständen und auf Märkten angeboten. Als Erfrischungsgetränk beliebt ist das Wasser der grünen, noch unreifen Kokosnüsse, aus dem sich während der Reife das weiße Fruchtfleisch bildet. Bei uns kommen Kokosnüsse als reife Früchte in den Handel, die bereits von Außenschale und faseriger Hülle befreit sind. Im Inneren der harten Nussschale befinden sich etwas Kokoswasser und das feste, von einer braunen Haut umgebene Kokosfleisch. Für viele Thaigerichte – Suppen, Wokgerichte oder Süßspeisen – bildet Kokosmilch die Basis.
Übrigens werden Gerichte aus dem Wok nur dann als „Curry" bezeichnet, wenn sie Kokosmilch als Zutat enthalten.
Kokosmilch wird aus Kokoswasser und dem gemahlenen Fruchtfleisch der Kokosnüsse hergestellt. Sie können sie in Dosen oder im Tetra-Pak kaufen. Zum Kochen nimmt man ungesüßte Kokosmilch. Alle Sorten sollten Sie vor dem Öffnen gut schütteln.
Kokoscreme ist die „Sahne der Kokosmilch". Sie enthält viel Kokosfett, das sich erst beim Erwärmen auflöst.

Kokosmilch zubereiten

Das ausgehöhlte Fleisch einer Kokosnuss zerkleinern und mit 250-300 ml kochendem Wasser übergießen. Die Mischung nach 15-20 Minuten durch ein mit einem frischen Mulltuch ausgelegtes Sieb in eine Schüssel abgießen und das Tuch gut ausdrücken.

Litchi

Die mirabellengroße Baumfrucht hat eine pergamentartige, genoppte rötliche Schale und weißes oder roséfarbenes Fruchtfleisch. Das Aroma ist unverwechselbar, mild-säuerlich und erfrischend. Enge Verwandte der Litchis sind Rambutan, deren Schalen mit weichen Borsten versehen sind. Geschmacklich unterscheiden sie sich kaum von ihnen.

Mango

Die Früchte des immergrünen Mangobaums sind saftig, süß und sehr aromatisch. Sie enthalten viel Vitamin C und Beta-Karotin. Mangos werden gerne als Frischobst gegessen. In thailändischen Gerichten wird die Frucht aber häufig auch als erfrischende Zutat für süß-scharfe und süß-saure Gerichte oder in Salaten verwendet. Die Farbe der Schale variiert je nach Sorte zwischen grün-rot und orange-rot. Es gibt aber auch Sorten, deren Schale im reifen Zustand ganz grün bleibt. Um sicher zu gehen, dass Sie beim Kauf eine reife Frucht bekommen, sollte die Schale auf Fingerdruck leicht nachgeben und keine braunen Stellen haben. Reife Früchte duften angenehm süß und harzig. Das Fruchtfleisch haftet, unabhängig vom Reifegrad, fest am schmalen Stein. Fürs Auslösen deshalb folgender Tipp: Mango längs am Stein entlang halbieren. Fruchtfleisch in den Schalenhälften mit dem Messer würfelförmig einschneiden und mit einem Löffel herauslösen.

Papaya

Diese auch als Baummelonen bezeichneten Früchte wachsen direkt am Stamm des Papayabaums. Botanisch gesehen, gehören sie zu den Beeren. Es gibt zahlreiche Papayasorten, deren Gewicht zwischen 300 g und 5-6 kg variiert. Bei uns dominiert „Solo", eine etwa 400 g schwere Frucht mit gelb-grüner Schale. Die Früchte haben im Inneren ein orangefarbenes Fruchtfleisch, das saftig und süß ist. Papayas sind sehr kalorienarm, enthalten Beta-Karotin und reichlich Vitamin C – mehr als Kiwis. Ein besonderer Inhaltsstoff ist das Papain, ein Eiweiß spaltendes Enzym.
Im asiatischen Lebensmittelgeschäft werden neben den reifen Früchten auch Gemüsepapayas angeboten. Diese werden grün geerntet, als Gemüsezutat für den Wok oder roh, für Salate, verwendet.

Gemüse

Asiatische Schalotten

Die roten Minizwiebeln werden auch als thailändische Zwiebeln bezeichnet und haben einen mild-würzigen Geschmack. Klein geschnitten und ungegart eignen sie sich gut als Würzzutat für Dressings und Marinaden.

Auberginen

Die Aubergine oder auch Eierfrucht ist eine in Thailand sehr beliebte Gemüseart. Dort gibt es sie in verschiedensten Formen und Farben: längliche, eierförmige und runde Sorten in weiß, hellgrün, gelb, violett oder gestreift. Diese sind im asiatischen Lebensmittelgeschäft erhältlich. Manchmal werden auch kleine, etwa erbsengroße Miniauberginen angeboten. Sie können im Ganzen mitgegart werden, sind allerdings ziemlich bitter und daher für den europäischen Gaumen gewöhnungsbedürftig.
Die bei uns üblichen dunkelvioletten, länglichen Auberginen aus dem Mittelmeerraum sind ein geeigneter Ersatz.

Bambussprossen

Die jungen Triebe der Bambuspflanze sind klein geschnitten und gekocht eine beliebte und knackige Gemüsezutat für Wokgerichte und Suppen, da sie einen feinen, charakteristischen Geschmack haben. Die Bambussprossen sind bei uns meist als Dosengemüse erhältlich. Manchmal gibt es sie im asiatischen Lebensmittelgeschäft im Ganzen vorgekocht und eingeschweißt. Die ganzen Schösslinge sind meist von besserer Qualität als die geschnittene Ware. Konservierte Bambussprossen sind bereits geschält und gekocht, denn sie enthalten eine Blausäureverbindung, die nur durch Erhitzen zerstört werden kann.

Bananenblätter

Bei uns gibt es sie in handlicher Größe frisch im Asienladen. In der Thai-Küche werden die dunkelgrün glänzenden Blätter zum schonenden Garen und Dämpfen verwendet. Sehr exotisch sieht es aus, wenn man Thai-Gerichte im Bananenblatt anrichtet oder eine Tischdekoration damit gestaltet.

Pak Choi (Pak Soi)

Die in Asien beliebte Senfkohlart hat saftige, weiße Stiele und große, dunkelgrüne Blätter. Pak Choi ähnelt in Geschmack und Aussehen dem Mangold. Grob in Streifen geschnitten, eignet er sich zum Pfannenrühren im Wok. Er schmeckt aber auch roh sehr gut und lässt sich mit einem würzigen Dressing schnell als Salat zubereiten.

Shiitake-Pilze

Die Pilzart ist an ihrer hellbraunen Kappe, weißen Lamellen und am weißen Stiel zu erkennen. Ihr Aroma ist intensiv und würzig. Shiitake-Pilze werden seit einigen Jahren auch bei uns frisch angeboten und sind ideal als Wokgemüse oder schmackhafte Suppenzutat. Die Pilze werden mit einem Küchentuch vorsichtig abgerieben, harte Stiele werden entfernt. Getrocknete Pilze gehören unbedingt dazu, wenn Sie sich einen kleinen Vorrat an Thai-Zutaten anlegen wollen. In einer Dose, an einem kühlen Ort aufbewahrt, halten sie sich lange Zeit. Die Pilze werden etwa 15 Minuten in lauwarmem Wasser eingeweicht. Das Einweichwasser ergibt einen würzigen Sud, der beim Kochen mit verwendet werden kann.

Schlangenbohnen

In Asien beliebte Bohnensorte, deren Hülsen bis zu 90 cm lang werden können. Sie werden auch als Thaibohnen bezeichnet. Geschmacklich unterscheiden sie sich nicht von normalen grünen Bohnen. Und auch für sie gilt wie für alle grünen Bohnen, dass man sie vor dem Verzehr 8-10 Minuten kochen muss, damit das Phasin, ein in den Bohnen enthaltener, giftiger Eiweißstoff, zerstört wird. Da dieser beim Kochen auch ins Wasser übergeht, sollten Sie das Kochwasser nicht weiterverwenden. Spülen Sie die Bohnen gleich nach dem Abgießen kurz mit kaltem Wasser ab, so bleiben wichtige Vitamine erhalten und die Bohnen bleiben appetitlich grün und bissfest.

Sojabohnensprossen

Unter der Bezeichnung Soja(bohnen)sprossen werden im Handel häufig die sehr ähnlich aussehenden Mungobohnensprossen angeboten. Die knackigen Keimlinge – ob von Soja- oder Mungobohne – enthalten eine Fülle gesunder Vitamine und Mineralstoffe. Sie werden deshalb nicht mitgekocht, sondern im Sieb nur kurz überbrüht, dann kalt abgespült und erst ganz zum Schluss unter die fertig gegarten Speisen gehoben. Wer mag, kann die Sprossen selber ziehen – die Keimdauer beträgt 3-5 Tage.

Süßkartoffeln

Die Knollenfrucht ist auch unter dem Namen Batate bekannt. Die Knollen sind länglich und laufen an den Enden spitz zu. Es gibt braunschalige Sorten mit hellem Fruchtfleisch und rotschalige Sorten mit orangefarbigem Fruchtfleisch. Die bei uns gehandelten Knollen wiegen zwischen 300 und 400 g. Während die Kartoffeln zu den Nachtschattengewächsen gehören, sind die Süßkartoffeln die Knollen eines Windengewächses und schmecken angenehm süßlich. Sie können die Knollen schälen und wie Salzkartoffeln zubereiten, frittieren oder im Wok garen.

Thai-Spargel

In Aussehen und Geschmack ähnlich wie grüner Spargel, nur dünner. Ersatzweise kann man deshalb in den Rezepten auch grünen Spargel verwenden.

Wasserkastanien

Wasserkastanien sind die braunschaligen Knollen einer Wassergraspflanze. Die Knollen haben ein weißes, leicht süßlich schmeckendes Inneres und werden bei uns geschält und eingeschweißt oder in Konserven angeboten. Die knackige Konsistenz der Wasserkastanien bleibt auch beim Garen erhalten. Sie können die kleinen Knollen ganz, in Scheiben oder in Spalten geschnitten verwenden.

Wasserspinat

Es gibt zwei Sorten – die eine wächst im Wasser, die andere auf dem Land. Man kann die langen zarten Triebe und die Blätter essen, entweder roh oder gekocht. Beide Sorten enthalten viel Vitamin C. Ersatzweise kann man auch die bei uns üblichen Spinatsorten verwenden.

Nudeln und Teigblätter

Eiernudeln

Die spaghettidünnen Nudeln werden aus Weizenmehl und Eiern hergestellt. Sie tragen auch die Bezeichnung *Mie*-Nudeln. Ähnlich, aber länger, sind die so genannten *Hokkien*-Nudeln, die sich besonders für Wokgerichte eignen. Zum Garen kocht man Eiernudeln einige Minuten in Salzwasser oder Brühe. Besonders einfach lassen sich Schnellkoch-Eiernudeln zubereiten, die man nur mit kochendem Wasser überbrüht und kurz ausquellen lässt. Manchmal werden auch frische Eiernudeln angeboten.

Frühlingsrollen-Teigblätter

Der Teig besteht aus Weizenmehl und Eiern und wird tiefgefroren angeboten. Die rechteckigen Blätter können je nach Bedarf einzeln entnommen und mit Gemüse und Tofu gefüllt werden. Frühlingsrollen bekommen beim Ausbacken in heißem Öl eine charakteristisch knusprig-luftige Hülle.

Glasnudeln

Diese wohl bekanntesten asiatischen Nudeln werden aus dem Mehl der Mungobohne hergestellt. Die getrockneten, weißen Nudeln werden vor dem Garen eingeweicht und dann nur noch mit kochendem Wasser überbrüht oder dem heißen Gericht direkt zugegeben. Erst dabei werden die Glasnudeln richtig durchsichtig. Glasnudeln sind eine beliebte Suppeneinlage. Auch als Salat, mit scharf-würzigem Dressing und klein geschnittenem Gemüse schmecken Glasnudeln delikat.

Reisnudeln

Die dünnen weißen Nudeln werden aus Reismehl hergestellt. Die Nudeln werden vor dem Kochen einige Minuten in Wasser eingeweicht und benötigen nur eine kurze Garzeit. Reisnudeln werden in unterschiedlichen Breiten angeboten. Die dünnen sind auch unter dem Namen Reis-Vermicelli bekannt. Geschmacklich sind Reisnudeln eher neutral. Sie werden entweder als Beilage zu würzigen Currys gereicht oder im Wok mitgebraten.

Reispapierblätter

Papierdünne Blätter aus Reismehl werden vor dem Gebrauch mit Wasser befeuchtet, damit sie biegsam werden. Sie werden für kalte Speisen oder zum Ausbacken verwendet.

Wan-Tan-Teigblätter

Die Teigplatten werden aus Weizenmehl und Eiern hergestellt. Sie sind in Folie eingeschweißt oder tiefgefroren erhältlich. Die meist quadratischen Blätter werden mit Gemüse und Tofu gefüllt und in Öl ausgebacken. Auch beliebt als Suppeneinlage, mit oder ohne Füllung.

Reis

Reis ist in Thailand traditionell das bedeutendste Grundnahrungsmittel. Bei jeder Mahlzeit wird eine große Schüssel **Duftreis** serviert. Duftreis verbreitet schon beim Kochen einen unwiderstehlichen, appetitanregenden Duft. Dazu zählt auch der **Jasminreis**, ein Duftreis mit besonders blumigem Aroma. In der Regel ist Duftreis geschält und poliert. Man bekommt ihn aber auch unpoliert, sodass er noch einen Großteil der in der Randschicht des Korns sitzenden Vitamine und Mineralstoffe enthält. Eine gute Alternative also, wenn Sie auch in der Thai-Küche auf Vollkorn nicht verzichten möchten.
Thailänder essen meist mit Löffel und Gabel oder auch mit der Hand. Dafür ist der **Klebreis** ideal. Man kann ihn mit der Hand

gut zu kleinen Bällchen formen, die dann in die Sauce getunkt werden. Roh können Sie ihn leicht an den weißen, undurchsichtigen Körnern erkennen. Klebreis enthält viel Amylopektin, eine Stärke, die beim Kochen reichlich Flüssigkeit aufnehmen kann. Ungewaschen und in Flüssigkeit, z. B. Kokosmilch gegart, verleiht er Desserts und Süßspeisen eine puddingartige Konsistenz. Als Beilage gewaschen und gedämpft (siehe „Reis zubereiten“) bleiben die Körner gut in Form.
Weniger bekannte thailändische Reisspezialitäten sind **roter und schwarzer Reis.** Es gibt sie in verschiedenen Korngrößen. Da die rote oder schwarze Farbe ausschließlich in der Schale sitzt, werden diese Reissorten teil- oder ganz unpoliert angeboten. Dementsprechend haben sie auch noch einen Großteil der unter der Schale sitzenden Nährstoffe und der Geschmack ist voll und nussartig. Gut geeignet als Beilage und Zutat für Wokgerichte, Füllungen oder Desserts.

Reis zubereiten

Duftreis *(für 4 Personen)*

1. 250 g Duftreis im Sieb mit kaltem Wasser gründlich abspülen.
2. Reis in einen Topf geben, 750 ml Wasser zugießen und aufkochen lassen.
3. Zugedeckt etwa 20 Minuten bei schwacher Hitze garen, bis der Reis das Kochwasser vollständig aufgenommen hat.

Die Kochzeit für Vollkornreis beträgt 35-40 Minuten.

Klebreis *(für 4 Personen)*

1. 250 g Klebreis über Nacht (etwa 8 Stunden) in kaltem Wasser einweichen.
2. Wasser abgießen und Reis in einen Topf geben. Mit 750 ml kaltem Wasser auffüllen und aufkochen lassen.
3. Reis zugedeckt etwa 20 Minuten garen, bis er das Wasser vollständig aufgenommen hat.

Tipps:

Nach Geschmack können Sie das Kochwasser auch salzen.

Damit der Reis schön locker wird, legen Sie beim Kochen ein Geschirrtuch zwischen Topf und Deckel und schlagen Sie die Enden nach oben. Das Tuch saugt zusätzlich Flüssigkeit auf.

Wenn Sie häufig Reis kochen, lohnt sich die Anschaffung eines Reiskochers, in dem der Reis schonend gedämpft wird. Die Zubereitung von Klebreis gelingt darin problemlos.

Auch im Dämpfkorb aus Bambus lässt sich Klebreis ideal zubereiten: Dämpfkorb mit einem Baumwolltuch auslegen, eingeweichten Reis daraufgeben und mit geschlossenem Bambusdeckel über Wasserdampf etwa 30 Minuten garen.

WÜRZPASTEN UND SAUCEN

Rote Currypaste

***Zutaten** (für 1 Glas)*

2 Schalotten
3 Knoblauchzehen
1 Stück Galgant (etwa 2 cm)
1 Stück Kurkumawurzel (etwa 2 cm)
8 rote Chilischoten
½ Stängel Zitronengras
1 Limette (unbehandelt)
½ TL schwarzer Pfeffer (gemahlen)
½ TL Kreuzkümmel (gemahlen)
½ TL Koriander (gemahlen)
½ TL Ingwer (gemahlen)
½ TL Salz
2-3 EL Erdnussöl

Tipp: Wer es eilig hat, kann die rote oder grüne Currypaste im Blitzhacker zubereiten. Klassisch thailändisch sind die frischen, zerstoßenen Gewürzsamen. Die Pasten schmecken aber auch mit fertig gemahlenen Gewürzen. Man erhitzt sie ganz kurz in 1 TL Öl. So entfalten sie ihr Aroma, ohne bitter zu werden. Öl und Limettensaft werden den Pasten immer ganz zum Schluss zugegeben.

Zubereitung

1. Schalotten, Knoblauch, Galgant und Kurkumawurzel schälen, Chilischoten entkernen. Zitronengras putzen, alles fein hacken.
2. Limettenschale fein abreiben, Limette halbieren und auspressen.
3. Gemahlene Gewürze im Wok ganz kurz erhitzen und mit den vorbereiteten Zutaten – bis auf den Limettensaft – im Mörser zu einer feinen Paste zerreiben. Limettensaft und Erdnussöl nach und nach zugeben.
4. Würzpaste in ein Schraubglas füllen, die Oberfläche mit Öl bedecken und im Kühlschrank aufbewahren. Hält sich 5-6 Wochen.

Tipp: Anstelle der selbst gemachten Currypasten kann man natürlich auch fertige Paste kaufen. Dabei die Zutatenliste beachten, da es auch Currypasten mit Garnelenanteil gibt. Vorsicht, die fertigen Pasten sind sehr scharf, deshalb lieber erstmal etwas weniger nehmen.

Grüne Currypaste

Zutaten *(für 1 Glas)*

3 Schalotten
4 Knoblauchzehen
1 Stück frischer Galgant (etwa 2 cm)
6 grüne Chilischoten
1 Stängel Zitronengras
1 Bund Koriander
1 Zweig Minze
2 Limettenblätter
1 TL Koriandersamen
1 TL Kreuzkümmelsamen
1 Limette (unbehandelt)
1 TL schwarze Pfefferkörner
1 TL Salz
6 EL Erdnussöl

Zubereitung

1. Schalotten, Knoblauch und Galgant schälen, Chilischoten entkernen, Zitronengras putzen, Koriander- und Minzeblättchen abzupfen, Limettenblätter entstielen. Alles fein hacken.
2. Koriander- und Kreuzkümmelsamen in einer trockenen Pfanne kurz anrösten.
3. Limettenschale abreiben, Limette halbieren und den Saft auspressen.
4. Vorbereitete Zutaten mit Pfefferkörnern und Salz im Mörser zerreiben. Limettenschale und nach und nach das Öl unterrühren, bis eine glatte Paste entsteht.
5. Würzpaste in ein kleines Schraubglas füllen, die Oberfläche mit Öl bedecken und im Kühlschrank aufbewahren. Hält sich 5-6 Wochen.

Kokos-Mango-Sauce

Zutaten *(für 1 Schale)*

2 Schalotten
1 Stück Galgant (etwa 2 cm)
2 EL rote Currypaste (Rezept S. 34)
1 EL Sojaöl
300 ml Kokosmilch
1 kleine Mango
1 Frühlingszwiebel
Salz
Limettensaft

Zubereitung

1. Schalotten und Galgant schälen, fein hacken und mit der Currypaste im heißen Öl anschwitzen.
2. Kokosmilch angießen, bei kleiner Hitze 5 Minuten köcheln lassen.
3. Mango schälen und den Stein entfernen. Fruchtfleisch klein würfeln. Frühlingszwiebel putzen und schräg in Ringe schneiden.
4. Mit der Sauce vermischen und mit etwas Salz und Limettensaft abschmecken.

Erdnuss-Sauce

Zutaten *(für 1 Schale)*

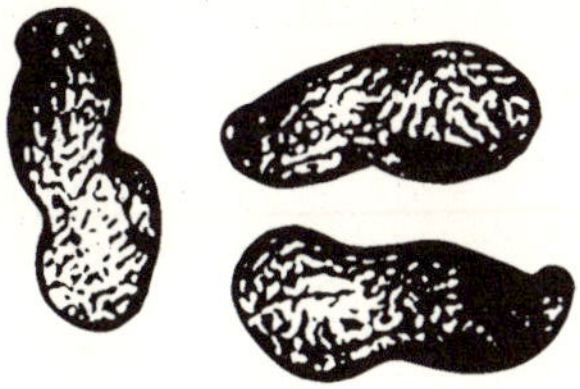

150 g ungesalzene Erdnüsse
1 Zwiebel
2 Knoblauchzehen
1 Stück Ingwer (etwa 1 cm)
2 EL Erdnussöl
½ TL Chilipulver
1 TL Kreuzkümmel (gemahlen)
1 TL Kurkuma (gemahlen)
1 TL Koriander (gemahlen)
400 ml Kokosmilch
3 EL geriebener Palmzucker
1 EL helle Sojasauce
Limettensaft

Zubereitung

1. Erdnüsse in einer trockenen Pfanne unter Rühren rösten. Etwas abkühlen lassen und im Blitzhacker fein hacken.
2. Zwiebel, Knoblauch und Ingwer schälen und hacken. Öl in einer Pfanne erhitzen, Zwiebel darin goldbraun anschwitzen.
3. Knoblauch, Ingwer und Gewürze zugeben und unter Rühren kurz mitdünsten.
4. Kokosmilch, Palmzucker, Sojasauce und gehackte Erdnüsse zugeben, Sauce bei kleiner Hitze etwa 5 Minuten köcheln lassen, bis sie eindickt. Mit Limettensaft abschmecken.

Papaya-Koriander-Sauce

Zutaten *(für 1 Schale)*

1 reife Papaya
1 Limette (unbehandelt)
½ Bund Koriander
1 EL geriebener Palmzucker
Salz
Chilipulver

Zubereitung

1. Papaya halbieren, entkernen und in Stücke schneiden. Mit dem Stabmixer pürieren.
2. Limettenschale abreiben, Saft auspressen. Korianderblättchen abzupfen.
3. Zutaten mit dem Palmzucker unter das Papayamus rühren, Sauce mit Salz und Chilipulver abschmecken.

Limetten-Chili-Sauce

Zutaten *(für 1 Schälchen)*

- *2 Limetten (unbehandelt)*
- *2 EL helle Sojasauce*
- *1 EL vegetarische Pilzsauce*
- *1 EL geriebener Palmzucker*
- *2 rote Chilischoten*
- *2 EL Schnittknoblauch*

Tipp: Falls Sie keinen Schnittknoblauch bekommen können, lässt er sich durch eine Mischung aus Schnittlauch und Knoblauch ersetzen.

Zubereitung

1. Von den Limetten die Schale abreiben. Limetten halbieren und auspressen. Mit Sojasauce, vegetarischer Pilzsauce und geriebenem Palmzucker verrühren.
2. Chilischoten entkernen und in dünne Ringe, Schnittknoblauch in Röllchen schneiden. Beides unter die Sauce rühren.

Süße Chilisauce

Zutaten *(für 1 Glas)*

5 Knoblauchzehen
6 rote Chilischoten
3 EL Weißweinessig
250 g Roh-Rohrzucker
1 TL Salz
1 EL helle Sojasauce
1 EL gehackte Frühlingszwiebeln

Zubereitung

1. Knoblauchzehen schälen und hacken. Chilischoten entkernen und 5-10 Minuten in heißem Wasser einweichen, dann in ein kleines Sieb abgießen.
2. Knoblauch und Chili, Weißweinessig, Roh-Rohrzucker und Salz im Blitzhacker zerkleinern.
3. In einer Pfanne unter Rühren erhitzen, bis der Zucker schmilzt und sich eine cremige Konsistenz ergibt.
4. Helle Sojasauce und gehackte Frühlingszwiebeln unterrühren und die Sauce in ein Glas füllen.

Tipp: Der Zucker kristallisiert schnell aus, die Sauce lässt sich aber durch vorsichtiges Erhitzen wieder verflüssigen.

Süß-scharfe Chilisauce

***Zutaten** (für 1 Schälchen)*

3 rote Chilischoten
2 Knoblauchzehen
3 EL Weißweinessig
3 EL Reisessig
4 EL Vollrohrzucker
½ TL Salz

Zubereitung

1. Die Chilischoten waschen, die Knoblauchzehen schälen, beides fein hacken.
2. Essig und Zucker in einem kleinen Topf langsam erhitzen, bis sich der Zucker aufgelöst hat. Das Salz hinzufügen und alles aufkochen und so lange köcheln lassen, bis die Flüssigkeit eindickt.
3. Die gehackten Chilischoten und den Knoblauch hinzufügen und weitere 2-3 Minuten köcheln lassen. Dann in ein kleines Schälchen füllen und abkühlen lassen.

Tipp: Diese Chilisauce ist schärfer als die im asiatischen Lebensmittelgeschäft erhältliche, eventuell eine Chilischote weglassen. Statt Reisessig kann man auch nur Weißweinessig nehmen.

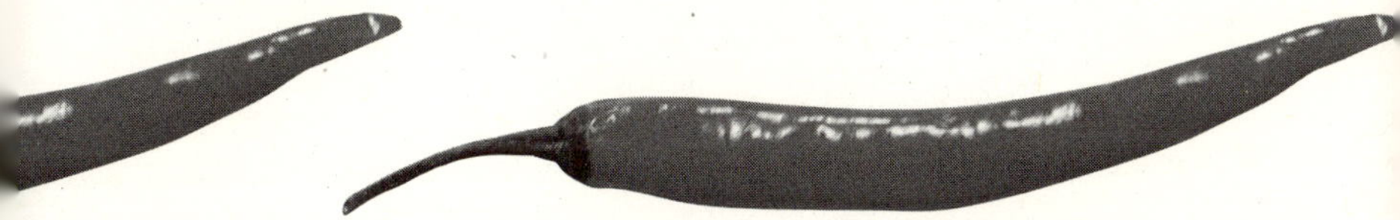

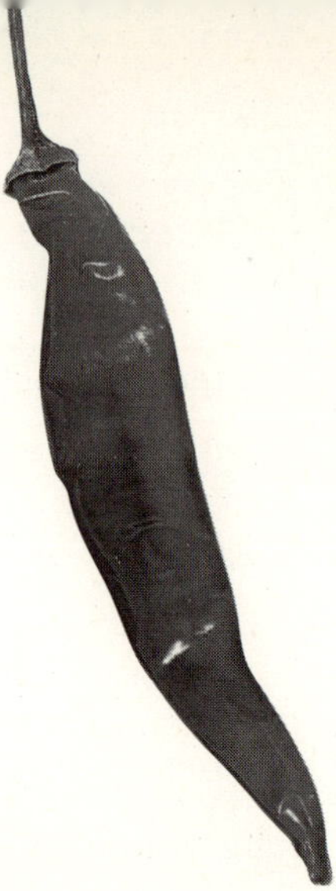

Chili-Öl

***Zutaten** (für 1 Schälchen)*

5 Knoblauchzehen
5 Schalotten
5 getrocknete rote Chilischoten
4 EL Sojaöl
2 TL Roh-Rohrzucker
1 TL Salz

Zubereitung

1. Backofengrill vorheizen.
2. Knoblauch, Schalotten und Chilischoten in ein Stück Alufolie einpacken und auf den Bratrost legen, unter dem Grill etwa 10 Minuten rösten. (Geht auch in einer Grillpfanne.)
3. Herausnehmen und im Mörser zu einer feinen Paste zerreiben.
4. Öl in einer kleinen Pfanne erhitzen, Paste darin unter Rühren anrösten. Roh-Rohrzucker und Salz zugeben, etwa 3 Minuten bei kleiner Hitze weiterbraten.

Thai-Dip

Zutaten *(für 1 Schale)*

150 ml Wasser
120 g Roh-Rohrzucker
2 EL Honig
3 EL Weißweinessig
1 EL vegetarische Pilzsauce
1 EL Sojasauce
1 rote Chilischote
100 g Salatgurke
1 kleine Möhre
1 EL ungesalzene Erdnüsse

Zubereitung

1. In einem Topf Wasser, Zucker, Honig, Weißweinessig, vegetarische Pilzsauce und Sojasauce aufkochen lassen. 5-10 Minuten bei kleiner Hitze köcheln, vom Herd nehmen und abkühlen lassen.
2. Chilischote entkernen und in feine Ringe schneiden. Die Salatgurke halbieren und entkernen, die Möhre schälen. Beides fein würfeln und mit der Chilischote unterrühren.
3. Erdnüsse hacken und in einer trockenen Pfanne unter Rühren kurz anrösten. Über die Sauce streuen.

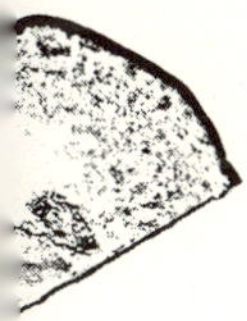
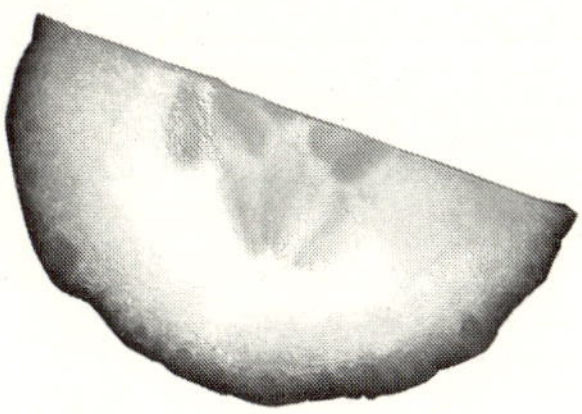
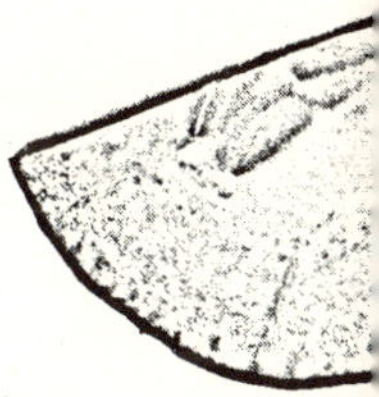
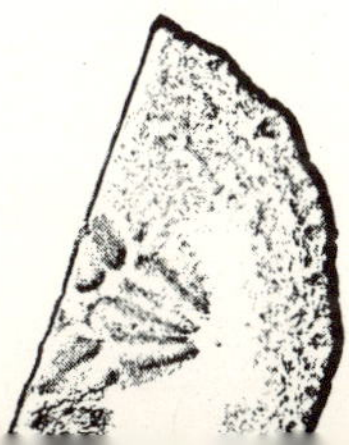

Würziger Auberginen-Dip

Zutaten *(für 1 Schale)*

2 grüne Chilischoten
4 Knoblauchzehen
4 kleine Schalotten
2 Tomaten
4 runde, grüne Auberginen
2 EL Zitronensaft
2 EL helle Sojasauce
½ TL Salz
1 TL Roh-Rohrzucker
Limettensaft zum Abschmecken

Zubereitung

1. Backofengrill vorheizen.
2. Chilis entstielen, Knoblauch und Schalotten schälen und klein schneiden. Tomaten und Auberginen entstielen und in Stücke schneiden.
3. Gemüse in Alufolie einpacken und das Päckchen für etwa 15 Minuten unter den Grill legen, öfter wenden.
4. Weiches Gemüse im Mörser (oder im Blitzhacker) zu einer glatten Paste zerreiben.
5. Zitronensaft, Sojasauce, Salz und Zucker unterrühren, mit etwas Limettensaft abschmecken.

Tipp: Zu diesem Dip passen am besten knackige, rohe Gemüsestreifen aus Salatgurke, Rettich oder Stangensellerie. Sehr lecker ist der Dip auch als Dressing für Blattsalate, dazu noch 2-3 EL Wasser oder Gemüsebrühe unterrühren.

SUPPEN

Reissuppe mit Kokosmilch und Kirschtomaten

Zutaten *(für 4 Personen)*

100 g Duftreis
1,25 l Gemüsebrühe
4 Knoblauchzehen
2 große rote Chilischoten
2 EL ungesalzene Erdnüsse
2 EL Sojaöl
1-2 EL rote Currypaste
400 ml Kokosmilch
4 Limettenblätter
2 EL vegetarische Pilzsauce
2 EL geriebener Palmzucker
1 Bund Thai-Basilikum
250 g Kirschtomaten

Zubereitung

1. Reis im Sieb waschen und abtropfen lassen. In der Gemüsebrühe 10 Minuten köcheln lassen, vom Herd nehmen und ausquellen lassen. Reis im Sieb abtropfen lassen, dabei die überschüssige Brühe auffangen.
2. Knoblauch schälen und in dünne Scheiben schneiden. Chilischoten entkernen und in feine Ringe schneiden.
3. Erdnüsse hacken und im Wok unter Rühren anrösten, herausnehmen und mit dem Messer grob hacken.
4. Sojaöl im Wok erhitzen und den Knoblauch darin goldgelb braten. Zwei Drittel davon herausnehmen und beiseite stellen. Currypaste und Chili kurz mitbraten. Kokosmilch und Gemüsebrühe zugießen.
5. Limettenblätter an den Rändern einschneiden, mit vegetarischer Pilzsauce und geriebenem Palmzucker zufügen und weitere 5 Minuten köcheln lassen.

6. Basilikumblättchen abzupfen und in Streifen schneiden. Basilikum, halbierte Kirschtomaten und vorgegarten Reis in die Suppe geben und erhitzen.
7. In Schälchen füllen, restliche Knoblauchscheiben und geröstete Erdnüsse darüberstreuen.

Tipp: Ideal, wenn Sie vom Vortag noch etwas gegarten Reis übrig haben. Mit Duftreis schmeckt die Suppe sehr aromatisch. Mit Vollkorn- oder Parboiled Reis bekommt sie etwas mehr „Biss".

Kokossuppe mit Champignons und Zitronengras

Zutaten *(für 4 Personen)*

500 g Champignons
2 große rote Chilischoten (mild)
1 Stängel Zitronengras
1 Stück Ingwer (etwa 2 cm)
1 EL Erdnussöl
400 ml Kokosmilch
1 l Gemüsebrühe
3 Limettenblätter
2 EL helle Sojasauce
2-3 EL vegetarische Pilzsauce
2 EL Limettensaft
Salz
2 EL Korianderblättchen

Zubereitung

1. Champignons putzen und je nach Größe halbieren oder vierteln.
2. Chilischoten längs aufschneiden, entkernen und in dünne Ringe schneiden.
3. Zitronengras putzen und sehr fein hacken, Ingwer schälen und hacken.
4. Erdnussöl im Topf erhitzen. Chili, Zitronengras und Ingwer darin unter Rühren anbraten. Kokosmilch und Gemüsebrühe zugießen und aufkochen lassen.
5. Champignons und Limettenblätter zufügen und 4-5 Minuten köcheln lassen.
6. Suppe mit Sojasauce, vegetarischer Pilzsauce, Limettensaft und etwas Salz abschmecken. Mit Korianderblättchen bestreuen.

Möhren-Ingwer-Suppe

Zutaten *(für 4 Personen)*

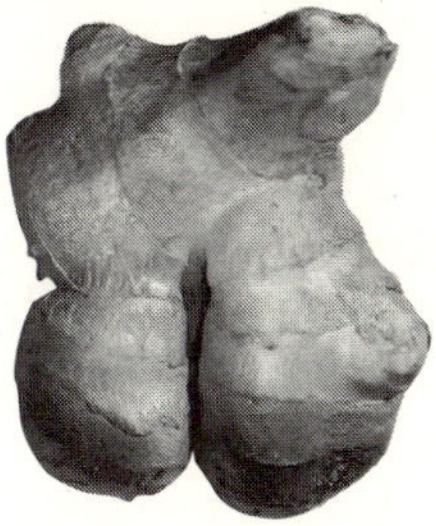

600 g Möhren
1 Stück frischer Ingwer (2-3 cm)
½ Bund Frühlingszwiebeln
2 EL Sojaöl
1 TL rote Currypaste
1 l Gemüsebrühe
2 rote Chilischoten
400 ml Kokosmilch
½ Limette
½ TL Salz
1 kleine Mango
2 EL Frühlingszwiebelgrün (Streifen)
2 EL Korianderblättchen

Zubereitung

1. Möhren und Ingwer schälen. Möhren in dünne Scheiben schneiden, Ingwer hacken. Frühlingszwiebeln putzen und in Röllchen schneiden.
2. Sojaöl im Topf erhitzen, Currypaste und Gemüse unter Rühren kurz darin anbraten. Gemüsebrühe zugießen, aufkochen und 10-12 Minuten garen.
3. Ein Drittel des Gemüses mit der Schöpfkelle herausnehmen, den Rest mit dem Pürierstab fein zerkleinern.
4. Chilis entkernen, in feine Ringe schneiden und mit dem übrigen Gemüse und der Kokosmilch in die Suppe geben und erhitzen.
5. Mit Limettensaft und etwas Salz abschmecken.
6. Mango schälen, halbieren, den Stein entfernen und das Fruchtfleisch in Würfel schneiden.
7. Die Suppe in Schälchen füllen, Mangowürfel hineingeben und mit Frühlingszwiebelstreifen und Korianderblättchen bestreuen.

Gemüsesuppe, süßsauer

Zutaten *(für 4 Personen)*

1 Stück Galgant (2-3 cm)
2 Knoblauchzehen
1 Stängel Zitronengras
1 rote Paprika
50 g Bambussprossen-Streifen (Dose)
100 g Blattspinat
50 g Sojasprossen
2 EL Sojaöl
1,2 l Gemüsebrühe
2 EL Korianderblättchen
2 EL vegetarische Pilzsauce
2 EL geriebener Palmzucker
1 TL Reisessig
2 EL Limettensaft
etwas Chiliöl

Zubereitung

1. Galgant, Knoblauch und Zitronengras schälen. Galgant in feine Scheiben schneiden, Knoblauch und Zitronengras hacken.
2. Paprika putzen und in feine Streifen schneiden. Bambussprossen im Sieb abtropfen lassen.
3. Spinat putzen und zusammen mit den Sojasprossen in ein Sieb geben. Mit kochendem Wasser überbrühen und abtropfen lassen.
4. Sojaöl im Topf erhitzen, Galgant, Knoblauch und Zitronengras darin kurz anbraten, Gemüsebrühe zugießen.
5. Paprika und Bambussprossen zugeben und etwa 3 Minuten köcheln lassen. Spinat, Sojasprossen und Koriander in die Suppe geben und erhitzen.
6. Mit vegetarischer Pilzsauce, Palmzucker, Reisessig, Limettensaft und etwas Chiliöl abschmecken.

Sauer-scharfe Suppe

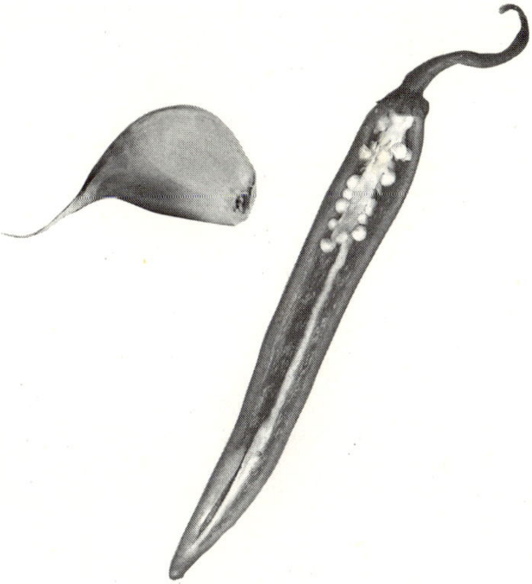

Zutaten *(für 4 Personen)*

1 Knoblauchzehe
2 Frühlingszwiebeln
100 g Weißkohl
400 g Brokkoli
2 EL Sojaöl
1-2 EL rote Currypaste
1,5 l Gemüsebrühe
2 EL Tamarindenmus
2 EL vegetarische Pilzsauce
2 EL Roh-Rohrzucker
2 EL Reisessig
1 EL Limettensaft
etwas Frühlingszwiebelgrün (Streifen)

Zubereitung

1. Knoblauch schälen und hacken. Frühlingszwiebeln putzen und schräg in Röllchen schneiden. Kohl klein schneiden.
2. Brokkoli putzen und in kleine Röschen teilen. In Salzwasser 3-4 Minuten garen, abgießen, kalt abspülen und abtropfen lassen.
3. Sojaöl im Topf erhitzen, Currypaste, Knoblauch, Frühlingszwiebeln und Kohl darin bei großer Hitze unter Rühren kurz anbraten.
4. Gemüsebrühe angießen und das Tamarindenmus einrühren. Zuletzt die Brokkoliröschen zugeben und miterhitzen.
5. Suppe mit vegetarischer Pilzsauce, Zucker, Reisessig und Limettensaft abschmecken.
6. Mit Frühlingszwiebelgrün garnieren.

Gemüsesuppe mit Spargel und Tofu

***Zutaten** (für 4 Personen)*

500 g Thai-Spargel (ersatzweise grüner Spargel)
100 g Tofu
300 ml Gemüsefond
1,2 l Gemüsebrühe
150 g Schnellkoch-Eiernudeln (Mie)
½ Bund Frühlingszwiebeln
50 g braune Champignons
2 EL helle Sojasauce
2 EL vegetarische Pilzsauce
1 EL Limettensaft

Zubereitung

1. Thai-Spargel putzen, Spargelstangen dritteln. Tofu klein würfeln.
2. Fond und Gemüsebrühe aufkochen, Spargel zugeben. Nach etwa 5 Minuten Kochzeit Tofu und Eiernudeln zugeben und bei kleiner Hitze 3-4 Minuten weiter garen.
3. Frühlingszwiebeln putzen und schräg in Röllchen schneiden. Champignons putzen und in feine Scheibchen schneiden.
4. Frühlingszwiebeln und Champignons zur Suppe geben und erhitzen. Mit Sojasauce, vegetarischer Pilzsauce und Limettensaft abschmecken.

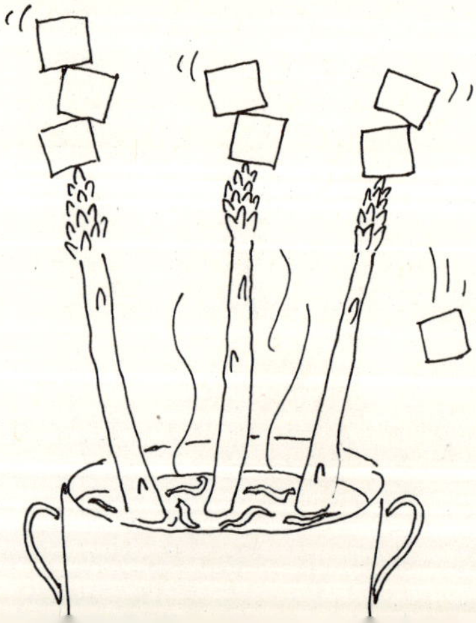

Glasnudelsuppe mit Pak Choi und Bambus

Zutaten *(für 4 Personen)*

50 g Glasnudeln
2 Knoblauchzehen
3 Schalotten
1 kleiner Pak Choi (etwa 200 g)
50 g Bambussprossen-Streifen (Dose)
2 Tomaten
2 EL Erdnussöl
1-2 EL grüne Currypaste
1,5 l Gemüsebrühe
2 EL vegetarische Pilzsauce
1 Bund Schnittlauch

Zubereitung

1. Glasnudeln mit kochendem Wasser überbrühen und 3-4 Minuten einweichen. In ein Sieb abgießen, kalt abspülen und abtropfen lassen.
2. In der Zwischenzeit Knoblauch und Schalotten schälen und hacken.
3. Pak Choi putzen und in Streifen schneiden. Bambussprossen in ein Sieb abgießen und abtropfen lassen. Tomaten entkernen und würfeln.
4. Erdnussöl im Topf erhitzen, Knoblauch, Schalotten und grüne Currypaste darin unter Rühren anbraten.
5. Gemüsebrühe zugießen und kurz aufkochen lassen.
6. Pak Choi und Bambusstreifen und nach 2-3 Minuten Kochzeit Tomatenwürfel und Glasnudeln unterheben und mit erhitzen. Mit vegetarischer Pilzsauce abschmecken.
7. Schnittlauch in 3-4 cm lange Stückchen schneiden. Suppe in Schälchen füllen und mit Schnittlauch bestreut anrichten.

Gemüsebrühe mit bunten Zwiebeln

Zutaten *(für 4 Personen)*

100 g Lauch
150 g weiße Zwiebeln
150 g rote Zwiebeln
½ Stängel Zitronengras
1 Stück Ingwer (etwa 2 cm)
2 EL Sojaöl
2 EL geriebener Palmzucker
1,2 l Gemüsebrühe
1 große grüne Chilischote (mild)
½ Bund Koriander
2 EL Sojasauce
1 EL Reisessig
Salz
Pfeffer

Zubereitung

1. Lauch putzen und schräg in Ringe schneiden. Zwiebeln schälen und achteln. Zitronengras putzen und fein hacken. Ingwer schälen und hacken.
2. Sojaöl im Topf erhitzen. Lauch, Zwiebeln, Zitronengras und Ingwer darin unter Rühren bei großer Hitze anbraten. Palmzucker darüberstreuen und die Zwiebeln damit glasieren.
3. Gemüsebrühe zugießen, Suppe 4-5 Minuten köcheln lassen.
4. Chilischote entkernen und in Ringe schneiden. Koriander klein schneiden.
5. Suppe mit Sojasauce, Reisessig, Salz und Pfeffer abschmecken. In Schälchen füllen und mit Chili und Korianderblättchen bestreuen.

Pilzsuppe mit Eierflocken

***Zutaten** (für 4 Personen)*

½ Bund Frühlingszwiebeln
2 Stangen Sellerie
100 g Möhren
100 g Austernpilze
100 g braune Champignons
100 g weiße Champignons
2 EL Sojaöl
1,5 l Gemüsebrühe
2 Eier (M)
2 EL Sojasauce
1 EL vegetarische Pilzsauce
1 EL Limettensaft
Chilipulver
1 Bund Schnittlauch
1 große rote Chilischote (mild)

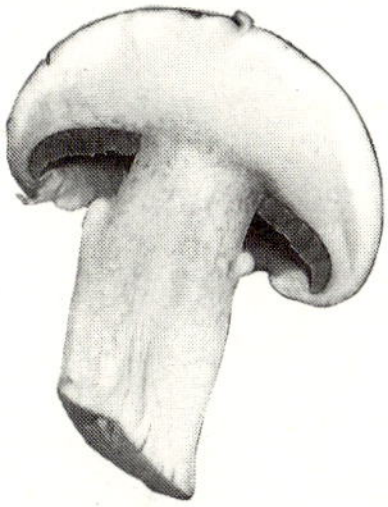

Zubereitung

1. Frühlingszwiebeln putzen und in Röllchen schneiden. Sellerie waschen, Möhren schälen und beides fein würfeln. Pilze putzen und klein schneiden.
2. Sojaöl im Topf erhitzen. Zwiebeln, Sellerie und Möhren darin unter Rühren anbraten. Pilze zufügen und kurz mitbraten.
3. Gemüsebrühe zugießen und die Suppe bei kleiner Hitze etwa 6 Minuten köcheln lassen.
4. Eier verquirlen und langsam in die heiße Flüssigkeit laufen lassen, sodass Eierflocken entstehen. Suppe nach etwa 30 Sekunden vom Herd nehmen. Mit Sojasauce, vegetarischer Pilzsauce, Limettensaft und etwas Chilipulver abschmecken.
5. Schnittlauch in Röllchen schneiden, Chilischote putzen und hacken. Suppe in Schälchen füllen und damit bestreuen.

Reissuppe mit Kräuter-Ei

Zutaten *(für 4 Personen)*

50 g Duftreis
200 g Möhren
100 g Stangensellerie
½ Bund Frühlingszwiebeln
1,5 l Gemüsebrühe
2 Eier (M)
½ TL Salz
1 Messerspitze Chilipulver
½ Bund Schnittlauch
1 EL Sojaöl
1 Knoblauchzehe
1 Bund Thai-Basilikum
2 EL vegetarische Pilzsauce
2 EL helle Sojasauce
Limettensaft zum Abschmecken

Zubereitung

1. Reis im Sieb unter fließendem Wasser abspülen, bis das Wasser klar bleibt.
2. Möhren schälen und in dünne Stifte schneiden. Stangensellerie putzen und in Scheiben, Frühlingszwiebeln putzen und in Streifen schneiden.
3. Gemüsebrühe aufkochen, Reis zugeben und bei kleiner Hitze 10 Minuten quellen lassen. Möhren, Stangensellerie und Frühlingszwiebeln zugeben.
4. Eier mit Salz und Chilipulver verquirlen. Schnittlauch in Röllchen schneiden und unterheben. Öl in einer Pfanne erhitzen und ein dünnes Omelett backen, einmal wenden. Omelett aufrollen und schräg in dünne Streifen schneiden.
5. Knoblauch schälen. Basilikumblätter abzupfen und in Streifen schneiden.

6. Suppe mit durchgepresstem Knoblauch, vegetarischer Pilzsauce und Sojasauce würzen und mit etwas Limettensaft abschmecken.
7. Schälchen jeweils mit Suppe und Omelettstreifen füllen. Mit Basilikum bestreut servieren.

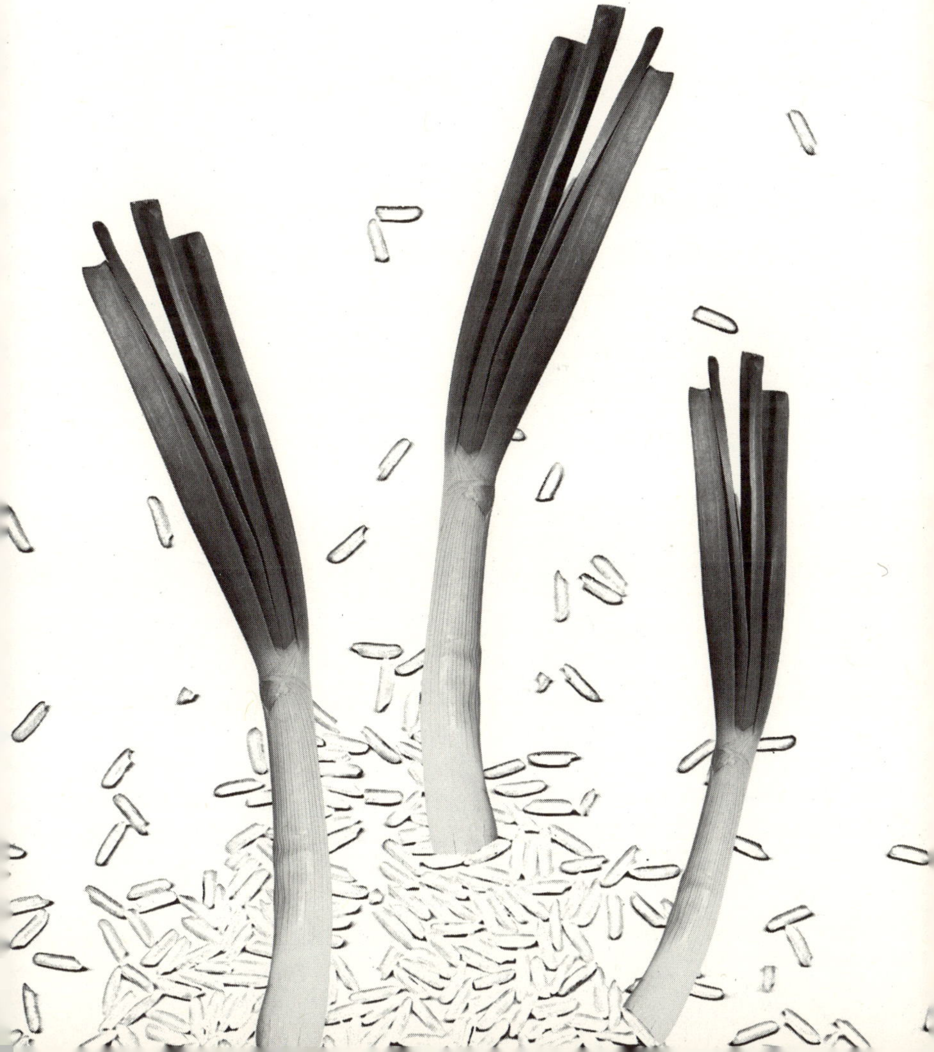

Wan-Tan-Suppe

Zutaten *(für 4 Personen)*

3 Schalotten
1 Stängel Zitronengras
1 Bund Koriander (mit Wurzeln)
3 Frühlingszwiebeln
150 g Möhren
150 g Weißkohl
2 EL Erdnussöl
100 g Blumenkohlröschen
1,5 l Gemüsebrühe
4 Wan-Tan-Blätter (tiefgekühlt oder vakuumverpackt)
2 EL Sojasauce
Salz
etwas Chili-Öl

Zubereitung

1. Schalotten schälen und klein schneiden. Zitronengras und Korianderwurzeln putzen und fein hacken. Korianderblättchen abzupfen.
2. Frühlingszwiebeln putzen und in Ringe schneiden. Möhren schälen, längs halbieren und zusammen mit dem Weißkohl in dünne Scheibchen schneiden.
3. Erdnussöl im Wok erhitzen. Schalotten, Zitronengras und Korianderwurzel zugeben und unter Rühren anbraten.
4. Frühlingszwiebeln, Möhren, Weißkohl und Blumenkohlröschen zugeben und etwa 5 Minuten pfannenrühren.
5. Gemüsebrühe zugießen. Wan-Tan-Blätter längs vierteln und in die Suppe geben. Bei kleiner Hitze etwa 3 Minuten weiterköcheln lassen.
6. Mit Sojasauce, Salz und Chili-Öl würzen. In Schälchen füllen und mit den Korianderblättchen garnieren.

Spinatsuppe mit Mais

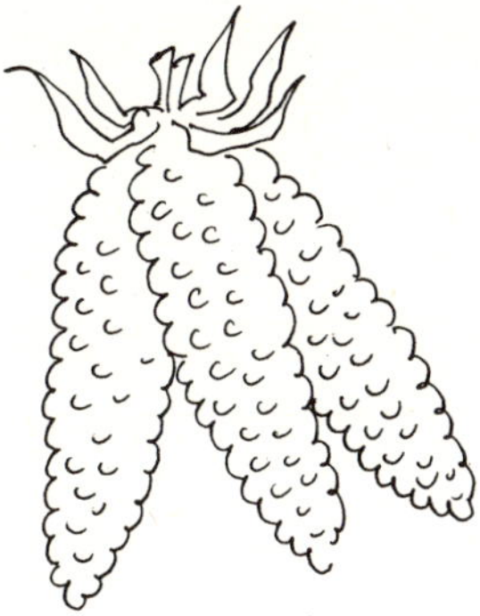

Zutaten *(für 4 Personen)*

500 g Blattspinat
1 kleine Stange Lauch
2 rote Chilischoten
1 Stück Ingwer (etwa 3 cm)
3 Knoblauchzehen
2 EL Erdnussöl
400 ml Kokosmilch
800 ml Gemüsebrühe
1 Dose Zuckermais (285 g Abtropfgewicht)
2 EL helle Sojasauce
Salz
1 EL Limettensaft
½ TL Limettenschale (unbehandelt)

Zubereitung

1. Spinat putzen und in ein Sieb geben. Mit kochendem Wasser überbrühen, kalt abspülen, abtropfen lassen und grob hacken.
2. Lauch putzen, in Streifen schneiden. Chilischoten entkernen und in Ringe schneiden. Ingwer und Knoblauch schälen und hacken.
3. Erdnussöl im Topf erhitzen, Lauch darin unter Rühren andünsten. Chili, Ingwer und Knoblauch kurz mitdünsten.
4. Kokosmilch und Gemüsebrühe zugießen, abgetropfte Maiskörner und blanchierten Spinat hinzufügen, umrühren und etwa 5 Minuten köcheln lassen.
5. Suppe mit heller Sojasauce, Salz, Limettensaft und Limettenschale würzen.

SALATE

Papayasalat mit Bohnen und Tomaten

Zutaten *(für 4 Personen)*

4 Knoblauchzehen
je 1-2 rote und grüne Chilischoten
500 g Schlangenbohnen
1 grüne Papaya (ersatzweise eine unreife)
4 Tomaten
6 EL helle Sojasauce
2 EL geriebener Palmzucker
1 EL Tamarindensaft
4 EL Limettensaft
Blattsalat der Saison

Zubereitung

1. Knoblauch schälen, Chilis entkernen, beides hacken und in einem großen Mörser zerstoßen.
2. Schlangenbohnen in etwa 5 cm lange Stücke schneiden, in kochendem Salzwasser etwa 7 Minuten garen. In ein Sieb abgießen, kalt abspülen und abtropfen lassen, Bohnenstücke an der Naht auseinander ziehen.
3. Papaya schälen, entkernen und in dünne Scheiben schneiden. Fruchtfleisch im Mörser (geht auch mit einem Kartoffelstampfer) leicht zerstampfen. Tomaten quer in Scheiben schneiden.
4. Sojasauce, Zucker, Tamarinden- und Limettensaft kurz aufkochen. Etwas abkühlen lassen und mit Knoblauch-Chili-Paste, Schlangenbohnen, Papaya und Tomaten vermischen. Auf Blattsalat anrichten.

Tipp: Feste Salatblätter wie einen Löffel für die Papayamischung benutzen. Dafür den Papayasalat auf kleinen Tellern, mit Frühlingszwiebelstreifen garniert, anrichten und für jeden eine kleine Schüssel mit Salatblättern daneben stellen.

Schön für nach dem Essen: Fingerschälchen mit lauwarmem Wasser und einer Limettenscheibe, außerdem kleine Gästehandtücher zum Händeabtrocknen bereithalten.

Nudelsalat mit Thai-Spargel

Zutaten *(für 4 Personen)*

200 g Schnellkoch-Eiernudeln (Mie)
600 g Thai-Spargel (ersatzweise grüner Spargel)
150 g Sojasprossen
2 Knoblauchzehen
1 Zwiebel
2-3 rote Chilischoten
1 Bund Frühlingszwiebeln
1 rote Paprika
2-3 Limettenblätter
2-3 EL Sojaöl
1 TL geröstetes Sesamöl
3 EL helle Sojasauce
2 EL Bohnensauce
3 EL Reiswein
1 Bund Thai-Schnittlauch (mit Blütenknospen)

> **Tipp:** Den Reiswein können Sie durch Gemüsebrühe ersetzen.

Zubereitung

1. Eiernudeln in Salzwasser 2-3 Minuten kochen. In ein Sieb abgießen, kalt abspülen und abtropfen lassen.
2. Thai-Spargel putzen, an den Enden etwa 2 cm abschneiden. Spargelstangen halbieren und in Salzwasser bissfest garen. Sojasprossen in ein Sieb geben, Spargel darüber abgießen, kalt abspülen und abtropfen lassen.
3. Knoblauch und Zwiebel schälen und klein schneiden. Chilis entkernen und in dünne Ringe, Frühlingszwiebeln und Paprika putzen und in dünne Streifen schneiden. Limettenblätter fein hacken.
4. Sojaöl im Wok erhitzen, Knoblauch, Zwiebel, Chilis, Frühlingszwiebeln und Limettenblätter darin etwa 2 Minuten unter Rühren braten. Anschließend Sesamöl, Sojasauce, Bohnensauce und Reiswein unterrühren.
5. Eiernudeln, Sprossen und Paprika unterheben und mit Thai-Spargel auf Tellern anrichten. Mit Thai-Schnittlauch-Halmen garnieren.

Papayasalat mit Gurke, Melone und Karambole

Zutaten *(für 4 Personen)*

2 EL ungesalzene, gehackte Erdnüsse
2 Frühlingszwiebeln
2 Stängel Koriander
3 EL Sojaöl
1-2 EL grüne Currypaste
3 EL Reisessig
2 EL Limettensaft
2 EL vegetarische Pilzsauce
2 EL Sojasauce
2 EL geriebener Palmzucker
1 grüne Papaya (ersatzweise eine unreife)
1 kleine Salatgurke
½ Netzmelone
1 Karambole
4 Eisbergsalat-Hüllblätter zum Anrichten

Zubereitung

1. Erdnüsse in einem trockenen Topf unter Rühren anrösten. Herausnehmen und grob hacken.
2. Frühlingszwiebeln putzen und schräg in Ringe schneiden. Korianderblättchen abzupfen.
3. Sojaöl in einem Topf erhitzen, Frühlingszwiebeln und grüne Currypaste darin andünsten. Leicht abkühlen lassen und mit der Hälfte der Korianderblättchen, Reisessig, Limettensaft, vegetarischer Pilzsauce, Sojasauce und Palmzucker verrühren.
4. Papaya schälen, entkernen und in dünne Scheiben schneiden. Fruchtfleisch mit dem Mörser (geht auch mit einem Kartoffelstampfer) leicht zerstampfen.

5. Gurke schälen, entkernen und klein würfeln. Kerne der Melone entfernen, Frucht schälen und in Spalten schneiden. Karambole in Scheiben schneiden.
6. Eisbergsalat als Schälchen auf Teller legen. Papaya, Gurke, Melone und Karambole darauf anrichten und mit dem Dressing beträufeln. Mit restlichen Korianderblättchen garnieren.

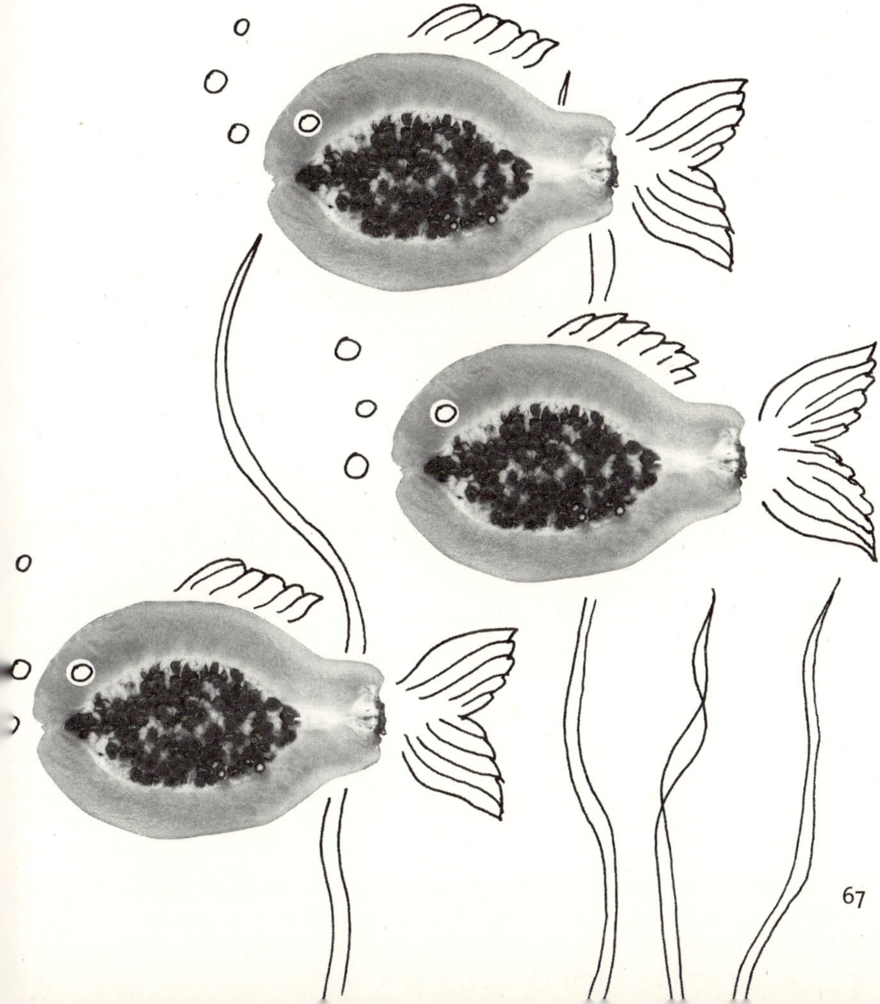

Blumenkohl-Sprossen-Salat 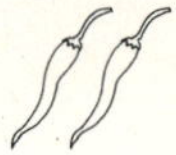

Zutaten *(für 4 Personen)*

2 EL Sesam
1 mittelgroßer Blumenkohl
100 g Zuckerschoten
2 Möhren
150 g Sojasprossen
1 Friséesalat
½ Bund Radieschen
2 EL Sojaöl
½ TL geröstetes Sesamöl
2 EL Limettensaft
2 EL Weißweinessig
2 EL süß-scharfe Chilisauce
1 gestrichener TL Salz

Zubereitung

1. Sesam in einer trockenen Pfanne goldgelb rösten, herausnehmen.
2. Blumenkohl putzen und in Röschen teilen. Zuckerschoten putzen. Möhren schälen und längs in dünne Streifen schneiden oder hobeln.
3. Blumenkohl in Salzwasser etwa 10 Minuten bissfest garen, nach 5 Minuten Zuckerschoten zugeben und mitgaren. Sprossen in ein Sieb geben, Blumenkohl und Zuckerschoten darüber abgießen, kalt abspülen, abtropfen und abkühlen lassen.
4. Friséesalat putzen, in Stücke zupfen und mit dem Gemüse auf Tellern anrichten.
5. Für das Dressing Radieschen putzen und in Stifte schneiden. Sojaöl, Sesamöl, Limettensaft, Weißweinessig, süß-scharfe Chilisauce, gestiftelte Radieschen und Salz verrühren. Dressing über den Salat träufeln und mit Sesam bestreuen.

Pak-Choi-Salat mit Cashewkernen

Zutaten *(für 4 Personen)*

4 EL Cashewkerne
400 g Pak Choi
2 Knoblauchzehen
2 rote Chilischoten
2 Möhren
1 Mango
4 EL Sojaöl
2 Limetten (unbehandelt)
1 EL gehackte Minze
3 EL Reisessig
½ TL Salz

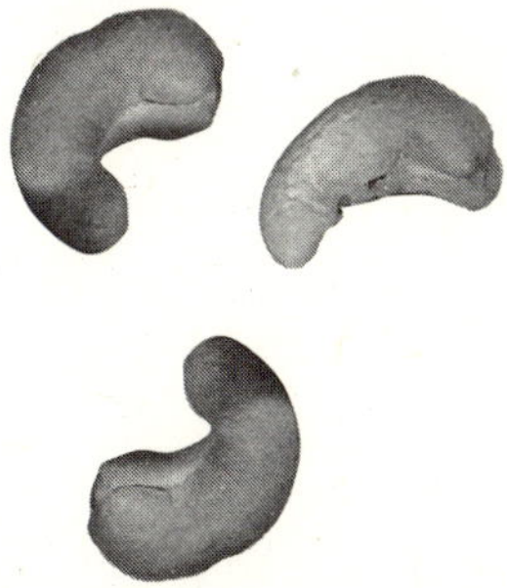

Zubereitung

1. Cashewkerne im Wok ohne Fett goldbraun rösten. Herausnehmen und grob hacken.
2. Pak Choi putzen und in Stücke schneiden. Knoblauch schälen und hacken. Chilis halbieren, entkernen und in Ringe schneiden.
3. Möhren und Mango schälen. Möhren in dünne Streifen schneiden, Mango halbieren, Stein entfernen, Fruchtfleisch in dünne Spalten schneiden.
4. 2 EL Sojaöl im Wok erhitzen, Knoblauch und Chili darin anbraten. Pak Choi zugeben und 1-2 Minuten pfannenrühren. Herausnehmen und mit Möhren und Mango auf Tellern anrichten.
5. 1 Limette in Spalten schneiden und den Salat damit garnieren. Von der zweiten Limette die Schale mit dem Zestenreißer abziehen (oder abgeschälte Limettenschalen in feine Streifen schneiden). Limette halbieren, den Saft auspressen.
6. Limettensaft, Limettenschale, Minze, Reisessig, 2 EL Sojaöl und Salz verrühren. Dressing über den Salat träufeln. Mit Cashewkernen bestreuen.

Gurkensalat mit Erdnüssen

Zutaten *(für 4 Personen)*

1 große Salatgurke
1 große Möhre
1 rote Zwiebel (oder 2 Schalotten)
2 grüne Chilischoten
1 Stängel Koriander
1 Stängel Minze
1 Limette (unbehandelt)
3 EL Sojaöl
6 EL Weißweinessig
3 EL Roh-Rohrzucker
1 TL Salz
einige Koriander- und Minzeblättchen zum Garnieren
100 g ungesalzene Erdnüsse

Zubereitung

1. Gurke längs halbieren, Kerne mit einem Löffel entfernen. Möhre und rote Zwiebel schälen. Alles in dünne Scheiben bzw. in Ringe hobeln oder schneiden.
2. Chilischoten entkernen und in dünne Ringe schneiden. Kräuterblättchen abzupfen und hacken.
3. Gurke, Möhre und Zwiebel auf Tellern anrichten.
4. Für das Dressing Limettenschale mit dem Zestenreißer abziehen oder mit dem Messer dünn abschälen und in feine Streifen schneiden.
5. Sojaöl, Weißweinessig, 2 EL Limettensaft, Zucker, Salz, Chilis und gehackte Kräuter verrühren und über den Salat träufeln. Mit Limettenstreifen und Kräuterblättchen garnieren.
6. Die Erdnüsse in einer Pfanne ohne Fett anrösten, abkühlen lassen und über den Salat streuen.

Gurkensalat mit Cocktailtomaten

Zutaten *(für 4 Personen)*

1 Salatgurke
5 Knoblauchzehen
3 grüne Chilischoten
5 EL Tamarindensaft
5 EL helle Sojasauce
2 EL geriebener Palmzucker
8 Cocktailtomaten

Zubereitung

1. Gurke waschen und in dünne Stifte schneiden, Knoblauch schälen und fein hacken, Chilischoten waschen, entkernen und in dünne Ringe schneiden.
2. Aus Chili, Knoblauch, Tamarindensaft, Sojasauce und Zucker eine Marinade zubereiten, diese mit den Gurkenstiften vermischen. Mindestens 30 Minuten durchziehen lassen.
3. Die Cocktailtomaten waschen, halbieren oder vierteln. Einige zur Dekoration aufheben, den Rest unter die Gurken mischen.

Tipp: Falls Ihnen die Salate so zu scharf sind, nehmen Sie einfach entsprechend weniger Chilischoten oder mildere Sorten.

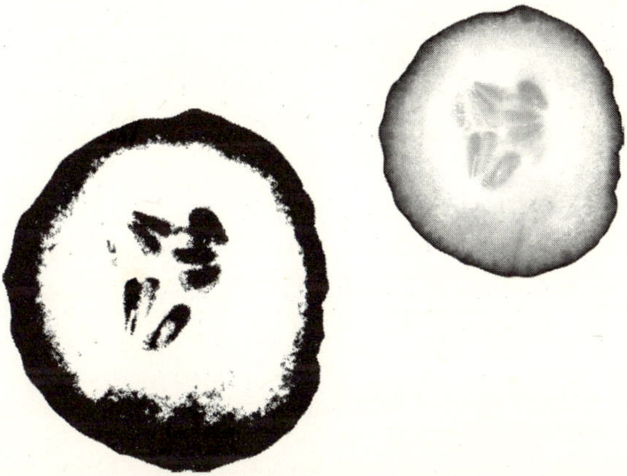

Thailändischer Kohlsalat

Zutaten *(für 4 Personen)*

½ kleiner Weißkohl
2 rote Chilischoten
1 Orange
2 EL Sojaöl
4 EL Reisessig
4 EL süß-scharfe Chilisauce
2 EL helle Sojasauce
2 EL geriebener Palmzucker
1 TL Salz
150 g Sojasprossen
2 Möhren
geröstete Erdnüsse zum Garnieren

Tipp: Auf Partys kommt dieser Salat sehr gut an! Einfach in einer großen Schüssel zubereiten und mit den Orangenscheiben und den Erdnüssen dekorieren.

Zubereitung

1. Vom Weißkohl den Strunk entfernen, Kohl in feine Streifen schneiden oder hobeln. Mit kochendem Wasser übergießen und etwa 2 Minuten ziehen lassen, abgießen und abtropfen lassen. Chilischoten entkernen und fein hacken.
2. Orange halbieren, eine Hälfte auspressen. Für das Dressing Sojaöl, Reisessig, süß-scharfe Chilisauce, helle Sojasauce, Orangensaft, Palmzucker, Salz und Chilis verrühren. Zwei Drittel des Dressings mit dem Weißkohl vermischen und etwa 30 Minuten durchziehen lassen.
3. Sojasprossen in ein Sieb geben, überbrühen, kalt abspülen und abtropfen lassen.
4. Möhren schälen und in dünne Stifte schneiden. Die zweite Orangenhälfte schälen, Frucht quer in dünne Scheiben schneiden.
5. Weißkohl mit Sprossen und Möhren mischen und auf Tellern anrichten. Restliches Dressing darüber verteilen, mit Orangenscheiben dekorieren, mit Erdnüssen bestreuen.

Rettichsalat mit Paprika-Limetten-Dressing

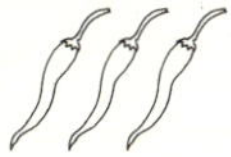

Zutaten *(für 4 Personen)*

1 Rettich
½ rote Paprika
1-2 rote Chilischoten
1 Bund Thai-Schnittlauch
1-2 Limetten (unbehandelt)
3 EL Erdnussöl
1 TL geröstetes Sesamöl
2 EL Reisessig
2 EL geriebener Palmzucker
1 TL Salz

Zubereitung

1. Rettich schälen und fein raspeln, portionsweise auf Teller geben.
2. Paprika putzen und in kleine Würfel schneiden. Chilischoten entkernen und in Ringe, Thai-Schnittlauch in etwa 3 cm lange Stücke schneiden.
3. Von 1 Limette die Schale mit einem Zestenreißer abziehen oder die Schale mit einem Messer dünn abschälen und in feine Streifen schneiden. Limetten halbieren und den Saft auspressen.
4. Paprika, Chilis und Limettenschale mit Erdnussöl, Sesamöl, Limettensaft, Reisessig, Palmzucker und Salz verrühren. Alles über den Rettich geben, mit Thai-Schnittlauch bestreuen.

Spargelsalat mit Spinat und Glasnudeln

Zutaten *(für 4 Personen)*

150 g Glasnudeln
4 große rote Chilischoten (mild)
600 g Thai-Spargel (ersatzweise grüner Spargel)
300 g Blattspinat
1 große Mango
2 EL Sojaöl
1 TL geröstetes Sesamöl
3 EL Limettensaft
3 EL Reisessig
3 EL helle Sojasauce
1 EL vegetarische Pilzsauce
3 EL geriebener Palmzucker
½ TL Salz
2 EL Sesam

Zubereitung

1. Glasnudeln mit kochendem Wasser übergießen und 3-4 Minuten ziehen lassen. In ein Sieb abgießen, kalt abspülen und abtropfen lassen.
2. Chilischoten von der Spitze her mehrmals längs einschneiden, Kerne entfernen. Chilischoten in Eiswasser legen, sodass sie sich zu Blüten aufrollen.
3. Thai-Spargel putzen, halbieren und in Salzwasser etwa 8 Minuten bissfest garen.
4. In der Zwischenzeit Spinat putzen und in ein Sieb geben. Spargel über dem Spinat abgießen, beides kalt abspülen und abtropfen lassen.
5. Mango schälen, halbieren und den Stein entfernen. Das Fruchtfleisch in Würfel schneiden.

6. Glasnudeln mit Thai-Spargel, Spinat und Mango auf Tellern anrichten. Eine Sauce aus Sojaöl, Sesamöl, Limettensaft, Reisessig, heller Sojasauce, vegetarischer Pilzsauce, geriebenem Palmzucker und Salz darüber träufeln.
7. Sesam in einer trockenen Pfanne kurz anrösten und über den Salat streuen. Mit den Chiliblüten garnieren.

Knackiger Salat mit Kartoffelchips, Erdnuss-Sauce und frittiertem Tofu

Zutaten *(für 4 Personen)*

2 rote asiatische Schalotten
2 Möhren
½ Salatgurke
2 Tomaten
1 Blattsalat der Saison

Für die Sauce:

4 EL gehackte Erdnüsse
2 Knoblauchzehen
4 EL Öl
2 EL rote Currypaste
120 ml Kokosmilch
2 TL Roh-Rohrzucker
6 EL helle Sojasauce
4 EL Zitronensaft
6 EL Gemüsebrühe

Für den Tofu und die Kartoffelchips:

150 g Tofu
4 mittelgroße Kartoffeln (fest kochend)
Öl zum Frittieren

Zubereitung

1. Schalotten und Möhren schälen, Salatgurke längs halbieren und die Kerne mit einem Löffel herausschaben. Schalotten in Ringe, Möhren in feine Streifen und die Gurke in Scheiben schneiden. Tomaten in Spalten schneiden. Gemüse und geputzten Blattsalat auf Tellern anrichten.
2. Für die Sauce Erdnüsse im Wok kurz anrösten und wieder herausnehmen. Wenn Sie etwas abgekühlt sind, im Mörser zerstoßen. Knoblauch schälen und hacken. Öl im Wok erhitzen, den Knoblauch darin goldbraun anbraten.

3. Currypaste unterrühren, Kokosmilch angießen und die Sauce unter Rühren aufkochen.
4. Erdnüsse, Zucker, Sojasauce, Zitronensaft und Brühe hinzufügen, 2-3 Minuten köcheln lassen, Sauce vom Herd nehmen und vollständig auskühlen lassen.
5. In der Zwischenzeit Tofu würfeln, Kartoffeln schälen und in sehr dünne Scheiben schneiden.
6. Frittieröl in einer tiefen Pfanne oder im Wok sehr heiß werden lassen. Zuerst den Tofu darin goldbraun frittieren. Mit einem Schaumlöffel herausnehmen und auf Küchenkrepp abtropfen lassen. Dann die Kartoffelscheiben portionsweise im heißen Öl knusprig frittieren, herausnehmen und ebenfalls auf Küchenpapier abtropfen lassen.
7. Die Erdnuss-Sauce auf dem angerichteten Salat verteilen, dann mit Tofu und Kartoffelchips garnieren und sofort servieren.

Tipp: Anstelle von Tofu und Kartoffeln: 200 g Reisnudeln in sehr heißem Öl frittieren, bis sie sich aufblähen. Mit der Schöpfkelle herausnehmen und kurz auf Küchenpapier abtropfen lassen. Reisnudeln portionsweise auf Teller verteilen und Salat, Gemüse und Erdnuss-Sauce darauf anrichten.

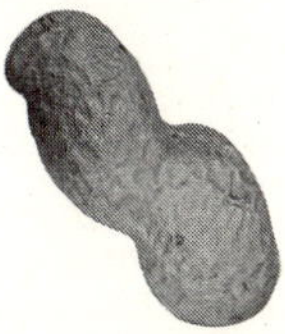

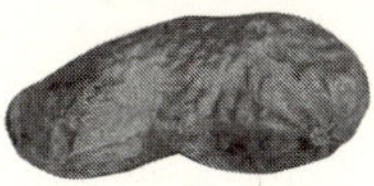

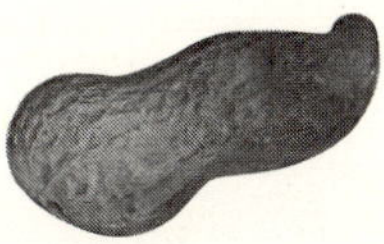

Papaya-Gurken-Salat mit Wasserkastanien

Zutaten *(für 4 Personen)*

1 große, reife Papaya
1 Salatgurke
1 Dose Wasserkastanien (140 g Abtropfgewicht)
½ Bund Koriander
3 rote Chilischoten
50 g Rettichsprossen
2 EL Sojaöl
1 TL geröstetes Sesamöl
3 EL Limettensaft
2 EL Reisessig
2 EL helle Sojasauce
3 EL geriebener Palmzucker
½ TL Salz

Zubereitung

1. Papaya halbieren, Kerne entfernen, Frucht schälen und in Spalten schneiden. Salatgurke längs halbieren, Kerne mit einem Löffel herausschaben. Gurke in dünne Scheiben schneiden.
2. Wasserkastanien im Sieb abtropfen lassen und in Scheibchen schneiden.
3. Korianderblättchen abzupfen und klein schneiden. Chilis entkernen und fein hacken. Rettichsprossen im Sieb vorsichtig mit kaltem Wasser abspülen.
4. Papaya, Gurke, Wasserkastanien und Rettichsprossen auf Tellern anrichten.
5. Ein Dressing aus Sojaöl, Sesamöl, Limettensaft, Reisessig, heller Sojasauce, gehacktem Chili, geriebenem Palmzucker und Salz darüber träufeln. Mit den Korianderblättchen bestreuen.

Deko-Tipp:

Thailänder dekorieren Salatgerichte in der Regel kunstvoll mit echten oder aus Gemüse geschnitzten Blüten.

Einen tollen Effekt haben Blüten aus Tomaten und Radieschen. Schneiden Sie die Früchte mit einem spitzen Küchenmesser rundherum zickzackförmig bis zur Mitte hin ein, sodass jeweils zwei Hälften entstehen.

Noch leichter lassen sich Frühlingszwiebel-Locken herstellen. Dafür die Frühlingszwiebeln putzen, halbieren und längs in feine Streifen schneiden. In Eiswasser (kaltes Wasser mit Eiswürfeln) legen, sodass Locken entstehen. Herausnehmen und auf Küchenpapier abtropfen lassen.

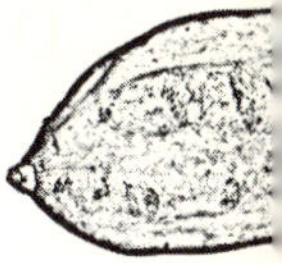

CURRYS UND GEMÜSE AUS DEM WOK

Rotes Gemüsecurry

Zutaten *(für 4 Personen)*

1 Zwiebel
2 EL Sojaöl
1-2 EL rote Currypaste
400 ml Kokosmilch
200 ml Gemüsebrühe
4-5 Limettenblätter
200 g Kartoffeln
200 g Blumenkohl
200 g Schlangenbohnen
1 rote Paprika
100 g Baby-Maiskölbchen (Glas)
½ Bund Thai-Basilikum
2 EL Limettensaft
3 EL vegetarische Pilzsauce
2 EL Roh-Rohrzucker
Salz

Tipp: Mit etwas Glück bekommt man Baby-Maiskölbchen im Asialaden auch frisch. Geputzte Kölbchen längs halbieren und mit Kartoffeln und Blumenkohl im Curry garen.

Zubereitung

1. Zwiebel schälen und klein schneiden. Sojaöl im Wok erhitzen, Zwiebel und Currypaste darin unter Rühren anbraten.
2. Kokosmilch, Gemüsebrühe und Limettenblätter zugeben und ohne Deckel etwa 5 Minuten köcheln lassen.
3. Kartoffeln schälen und würfeln. Blumenkohl putzen und in Röschen teilen. Schlangenbohnen und Paprika putzen und klein schneiden. Maiskölbchen abtropfen lassen.
4. Kartoffeln und Blumenkohl in die Kokosmilch geben und etwa 10 Minuten garen. Nach 5 Minuten Kochzeit Schlangenbohnen, Paprika und Maiskölbchen zugeben und mitgaren.
5. Basilikumblättchen abzupfen und in Streifen schneiden. Limettensaft, vegetarische Pilzsauce und Zucker verrühren und zum Curry geben. Mit Salz abschmecken. Thai-Basilikum darüberstreuen.

Grünes Gemüsecurry

Zutaten *(für 4 Personen)*

100 g Zuckerschoten
3 Schalotten
2 EL Erdnussöl
2 EL grüne Currypaste
200 ml Gemüsebrühe
400 ml Kokosmilch
4 Limettenblätter
4 runde Thai-Auberginen
2-3 Süßkartoffeln (etwa 600 g)
3 EL helle Sojasauce
2 EL Honig
Salz
1 Limette (unbehandelt)
3 Stängel Koriander

Zubereitung

1. Zuckerschoten etwa 3 Minuten in kochendes Wasser geben, abgießen, kalt abspülen und abtropfen lassen. Schalotten schälen und klein schneiden.
2. Erdnussöl im Wok erhitzen, Schalotten und Currypaste darin unter Rühren anbraten.
3. Gemüsebrühe, Kokosmilch und Limettenblätter zufügen und ohne Deckel etwa 10 Minuten köcheln lassen.
4. Thai-Auberginen putzen und achteln, Süßkartoffeln schälen und würfeln. Beides zum Curry geben und etwa 8 Minuten weiter garen.
5. Zuckerschoten zugeben, mit heller Sojasauce, Honig und etwas Salz würzen.
6. Limette heiß waschen, abtrocknen und die Schale abreiben. Saft von 1 Hälfte auspressen. Korianderblättchen abzupfen. Limettenschale und Korianderblättchen unter das Curry heben. Mit Limettensaft abschmecken.

Mildes Kürbiscurry

Zutaten *(für 4 Personen)*

200 g Schlangenbohnen
100 g Sojasprossen
2 Zwiebeln
250 g gelber Kürbis
250 g Süßkartoffel
100 g Weißkohl
100 g Tomaten
1 rote Chilischote
2 EL Erdnussöl
3 Limettenblätter
400 ml Kokosmilch
150 ml Gemüsebrühe
2 EL geriebener Palmzucker
2 EL helle Sojasauce
1-2 EL Limettensaft
Salz
Frühlingszwiebelgrün zum Garnieren

Zubereitung

1. Schlangenbohnen putzen und schräg in Stücke schneiden. In Salzwasser etwa 8 Minuten garen, in ein Sieb abgießen, kalt abspülen und abtropfen lassen.
2. Sprossen in ein Sieb geben und mit kochendem Wasser überbrühen, ebenfalls kalt abspülen und abtropfen lassen.
3. Zwiebeln schälen und achteln. Kürbis und Süßkartoffel schälen und würfeln. Weißkohl in Streifen schneiden. Tomaten waschen und in kleine Würfel schneiden. Chilischote entkernen und in feine Ringe schneiden.
4. Erdnussöl im Wok erhitzen, Zwiebeln darin unter Rühren anbraten. Kürbis, Süßkartoffel, Weißkohl, Chili und Limettenblätter zugeben und kurz mitbraten. Tomatenwürfel hinzufügen.

5. Kokosmilch und Gemüsebrühe mit Palmzucker verrühren und zugießen. Curry bei kleiner Hitze 8-10 Minuten köcheln lassen.
6. Mit Sojasauce, Limettensaft und Salz abschmecken. Schlangenbohnen und Sprossen unterheben, mit Frühlingszwiebelgrün bestreuen.

Blumenkohlpfanne mit Spinat und Schlangenbohnen

Zutaten *(für 4 Personen)*

200 g Schlangenbohnen
Salz
½ kleiner Blumenkohl
½ Bund Frühlingszwiebeln
200 g Blattspinat
3 Schalotten
3 Stängel Koriander (mit Wurzeln)
1 Kurkumawurzel (4-5 cm)
3 EL Erdnussöl
300 ml Gemüsebrühe
2 EL helle Sojasauce
2 EL vegetarische Pilzsauce
1 EL Limettensaft
1 TL abgeriebene Limettenschale (unbehandelt)
2 EL Honig
1 EL Sambal Oelek

Zubereitung

1. Schlangenbohnen putzen und in Stücke schneiden. In Salzwasser 6-8 Minuten garen, abgießen, kalt abspülen und abtropfen lassen.
2. In der Zwischenzeit Blumenkohl putzen und in kleine Röschen teilen. Frühlingszwiebeln putzen und in Streifen schneiden.
3. Blattspinat in ein Sieb geben, mit kochendem Wasser überbrühen, kalt abspülen und abtropfen lassen.
4. Schalotten, Korianderwurzeln und Kurkumawurzel schälen und hacken und im Wok im heißen Erdnussöl erhitzen.

5. Blumenkohlröschen und Frühlingszwiebeln mitbraten, Gemüsebrühe zugießen und zugedeckt 6-8 Minuten garen. Ohne Deckel 5 Minuten weiterköcheln lassen.
6. Sojasauce, vegetarische Pilzsauce, Limettensaft, Limettenschale, Honig und Sambal Oelek verrühren und zum Blumenkohl geben. Spinat und Bohnen unterheben, mit Korianderblättchen bestreuen.

Tipp: Da frische Kurkumawurzel stark färbt, ziehen Sie beim Schälen und Verarbeiten am besten Gummihandschuhe an.

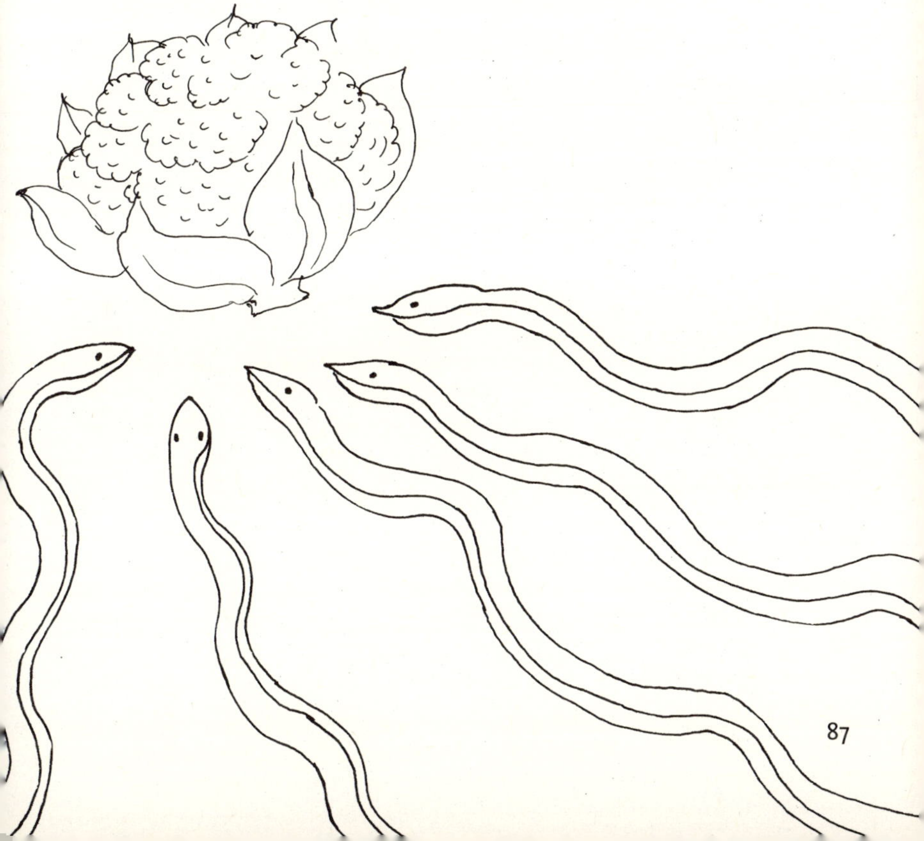

Auberginenpfanne mit Tofu

Zutaten *(für 4 Personen)*

2-3 rote Chilischoten
1 große Zwiebel
3-4 Knoblauchzehen
3 Stängel Koriander mit Wurzeln
1 EL geriebener Palmzucker
2-3 EL Limettensaft
1 TL abgeriebene Limettenschale (unbehandelt)
3-4 EL vegetarische Pilzsauce
5 EL Erdnussöl
1 Aubergine
Salz
400 g fester Tofu
2 Stängel Thai-Basilikum

Zubereitung

1. Chilischoten entkernen, Zwiebel und Knoblauch schälen und klein schneiden. Mit Koriander, Palmzucker, 2 EL Limettensaft und abgeriebener Limettenschale, vegetarischer Pilzsauce und 1 EL Erdnussöl im Mixer fein zerhacken.
2. Aubergine putzen und in 2 cm dicke Scheiben schneiden. 4 EL Öl in einer Pfanne erhitzen. Auberginen salzen und von beiden Seiten darin braten. Herausnehmen und auf Küchenpapier abtropfen lassen.
3. Tofu abtropfen lassen und in kleine Würfel schneiden.
4. Würzpaste im Wok erhitzen. Tofu und Auberginen darin braten. Ab und zu umrühren, bis sich die Würzpaste gut verteilt hat. Mit Limettensaft abschmecken.
5. Thai-Basilikum in feine Streifen schneiden und über die Auberginenpfanne streuen.

Tipp: Als leichtes Hauptgericht schmeckt die Auberginenpfanne sehr gut mit Sprossensalat (siehe Seite 122). Für den großen Hunger eine große Schale Duftreis dazu servieren.

Zuckerschotenpfanne mit Ingwer und Paprika

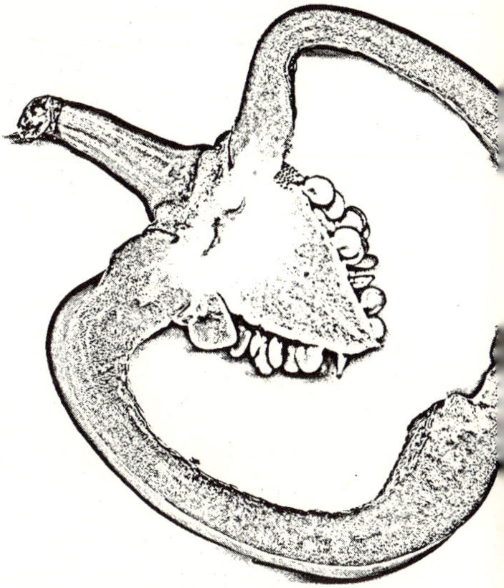

Zutaten *(für 4 Personen)*

250 g Zuckerschoten
1 Stück Ingwer (etwa 2 cm)
3 Frühlingszwiebeln
2 rote Paprika
1 gelbe Paprika
2 EL Erdnussöl
1 EL geriebener Palmzucker
3 EL vegetarische Pilzsauce
Salz
Pfeffer
etwas Limettensaft

Zubereitung

1. Zuckerschoten etwa 3 Minuten in kochendem Wasser blanchieren, abgießen, kalt abspülen und abtropfen lassen.
2. Ingwer schälen und hacken. Frühlingszwiebeln putzen und schräg in Ringe schneiden. Paprika putzen und in Streifen schneiden.
3. Erdnussöl im Wok erhitzen und den Ingwer darin kurz anbraten. Zuckerschoten, Frühlingszwiebeln und Paprika zugeben und bei großer Hitze etwa 3 Minuten pfannenrühren. Gemüse mit Palmzucker bestreuen und kurz weiterbraten.
4. Mit vegetarischer Pilzsauce, Salz, Pfeffer und Limettensaft würzen.

Tipp: Dieses Blitzgericht eignet sich gut als Vorspeise oder als leichtes Hauptgericht.

Thai-Bohnen mit Ingwer und Pilzen

Zutaten *(für 4 Personen)*

500 g Schlangenbohnen
200 g Shiitake-Pilze
200 g Champignons
1 Stück Ingwer (etwa 3 cm)
1 Stängel Zitronengras
3 EL Sojaöl
2 EL grüne Currypaste
2 EL Korianderblättchen
Salz
Pfeffer
etwas Limettensaft

Zubereitung

1. Schlangenbohnen putzen und dritteln. Shiitake-Pilze und Champignons putzen und in Scheiben schneiden. Ingwer schälen und hacken. Zitronengras putzen und fein zerkleinern.
2. Sojaöl im Wok erhitzen. Ingwer, Zitronengras und grüne Currypaste darin kurz anbraten.
3. Pilze zugeben und etwa 5 Minuten pfannenrühren. Schlangenbohnen und Korianderblättchen unterheben. Mit Salz, Pfeffer und Limettensaft abschmecken.

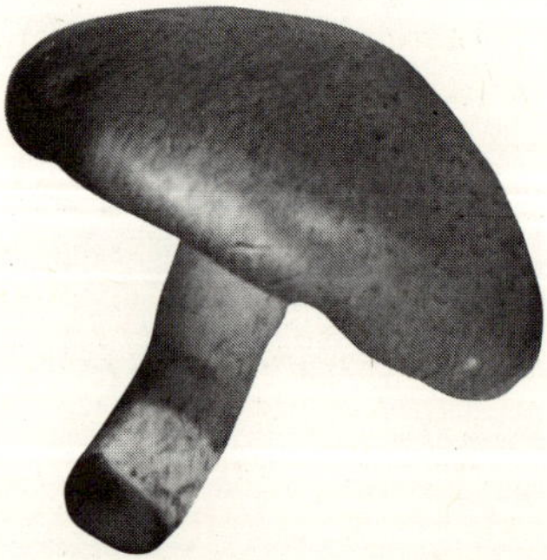

Tofupfanne mit Wirsing und Cashewkernen

Zutaten *(für 4 Personen)*

200 g Tofu
200 g Wirsing
1 Stängel Zitronengras
100 g Cashewkerne
100 ml Erdnussöl
1-2 EL rote Currypaste
1 EL Tamarindenmus
250 ml Gemüsebrühe
3 EL helle Sojasauce

Zubereitung

1. Tofu abtropfen lassen und würfeln. Wirsing putzen und in mundgerechte Stücke schneiden. Zitronengras putzen und fein hacken.
2. Cashewkerne im Wok ohne Fett anrösten, herausnehmen und grob hacken.
3. Erdnussöl im Wok erhitzen, Tofu darin goldbraun braten. Mit der Schöpfkelle herausnehmen und auf Küchenpapier abtropfen lassen.
4. Öl bis auf etwa 3 EL abgießen, restliches Öl erhitzen. Zitronengras, rote Currypaste und Tamarindenmus darin unter Rühren anbraten.
5. Wirsing dazugeben und 4-5 Minuten pfannenrühren. Tofu und Gemüsebrühe zugeben und erhitzen. Mit Sojasauce abschmecken, Cashewkerne darüberstreuen.

Tipp: Dieses Gericht lässt sich ganz einfach variieren: Wirsing durch Chinakohl oder Weißkohl (in feinen Streifen) ersetzen. Auch mit vorgegartem Brokkoli schmeckt die Tofupfanne sehr lecker.

Chicorée mit Tofu-Gemüse-Füllung

Zutaten *(für 4 Personen)*

1 Zwiebel
1 Knoblauchzehe
1 Möhre
50 g Stangensellerie
50 g Weißkohl
75 g Blattspinat
50 g Sojasprossen
50 g Tofu
1 grüne Chilischote
1 Stück Ingwer (etwa 1 cm)
2 EL Erdnüsse
4 EL Erdnussöl
1 EL Sojasauce
1 TL Reisessig
Salz
4 Chicorée (etwa 500 g)
1 Frühlingszwiebel

Zubereitung

1. Für die Füllung Zwiebel und Knoblauch schälen und hacken. Möhre schälen, Sellerie und Weißkohl putzen, alles in feine Streifen schneiden.
2. Spinat putzen und mit den Sojasprossen im Sieb mit kochendem Wasser überbrühen, kalt abspülen und abtropfen lassen.
3. Tofu abtropfen lassen und klein würfeln. Chilischote entkernen und in Ringe schneiden, Ingwer schälen und hacken.
4. Erdnüsse im Wok ohne Fett anrösten, herausnehmen und grob hacken.

5. Zwiebel und Knoblauch im Wok in 2 EL heißem Erdnussöl andünsten. Möhre, Sellerie und Weißkohl hinzugeben und 4-5 Minuten pfannenrühren. Spinat, Sojasprossen, Tofu und Ingwer unterheben. Mit Sojasauce und Reisessig würzen, eventuell etwas nachsalzen. Pfannengemüse aus dem Wok nehmen.
6. Chicorée putzen, längs halbieren und den Strunk herausschneiden. Frühlingszwiebel putzen und in Ringe schneiden.
7. Restliches Erdnussöl esslöffelweise erhitzen und den Chicorée portionsweise darin anbraten. Vorbereitete Füllung in die Chicoréehälften füllen und auf Tellern anrichten. Mit gehackten Erdnüssen und Frühlingszwiebelröllchen bestreuen.

Buntes Gemüse mit Tofu

Zutaten *(für 4 Personen)*

200 g Tofu
2 Knoblauchzehen
1 Zwiebel
1 Stück Ingwer (etwa 2 cm)
2 rote Chilischoten
50 g Zuckerschoten
1 Möhre
1 rote Paprika
100 g grüner Blumenkohl (Romanesco)
100 g Pak Choi
80 g Sojasprossen
1 kleine Dose Bambussprossen (140 g Abtropfgewicht)
3 EL Sojaöl
300 ml Kokosmilch
100 ml Gemüsebrühe
3 EL vegetarische Pilzsauce
1 EL Sojasauce
2 EL Reiswein
Salz
Chilipulver
2 Stängel Koriander
1 TL Reisstärke

Zubereitung

1. Tofu würfeln. Knoblauch, Zwiebel und Ingwer schälen und fein hacken. Chilischoten entkernen und in Ringe schneiden.
2. Gemüse putzen und klein schneiden. Sojasprossen im Sieb mit kochendem Wasser überbrühen, kalt abspülen. Bambussprossen zugeben, beides abtropfen lassen.
3. Sojaöl im Wok erhitzen, Tofu darin knusprig anbraten. Herausnehmen und auf Küchenpapier abtropfen lassen.

4. Im restlichen Bratöl Knoblauch, Zwiebeln, Ingwer und Chili anbraten.
5. Zuckerschoten, Möhre, Paprikaschote, Blumenkohl und Pak Choi zugeben und pfannenrühren.
6. Kokosmilch und Brühe angießen und alles etwa 5 Minuten köcheln lassen. Zuletzt Tofu, Sojasprossen und Bambussprossen unterheben.
7. Mit vegetarischer Pilzsauce, Sojasauce, Reiswein, Salz und Chilipulver würzen.
8. Korianderblättchen abzupfen und hacken. Stärke mit 1 EL Wasser verrühren, in die Pfanne rühren und alles kurz aufkochen lassen. Mit Korianderblättchen bestreut anrichten.

Tipp: Den Reiswein kann man auch durch Gemüsebrühe ersetzen.

Grüner Thai-Spargel mit Sesam

Zutaten *(für 4 Personen)*

2 EL Sesam
1 Knoblauchzehe
1 Stück Galgant (etwa 3 cm), ersatzweise Ingwer
1,2 kg Thai-Spargel (ersatzweise grüner Spargel)
4 EL Erdnussöl
2 EL Roh-Rohrzucker
2 TL geröstetes Sesamöl
2-3 EL Sojasauce
schwarzer Pfeffer
2 EL Limettensaft

Zubereitung

1. Sesam ohne Fett im heißen Wok anrösten und herausnehmen.
2. Knoblauch und Galgant schälen und fein hacken. Spargel putzen und einmal durchschneiden.
3. Öl im Wok erhitzen und den Spargel darin portionsweise etwa 4 Minuten braten. Dann den ganzen Spargel wieder in den Wok geben, mit Zucker bestreuen und bei starker Hitze nochmals 1-2 Minuten braten.
4. Thai-Spargel mit Sesamöl, Sojasauce, Pfeffer und Limettensaft würzen, mit Sesam bestreuen.

Gebratene Pilze

Zutaten *(für 4 Personen)*

2 Knoblauchzehen
1 Stück Galgant (etwa 3 cm), ersatzweise Ingwer
2 rote Chilischoten
400 g Champignons
200 g Shiitake-Pilze
200 g Austernpilze
3 Stängel Thai-Basilikum
4-5 EL Sojaöl
Salz
Pfeffer
3 EL helle Sojasauce
4 EL vegetarische Pilzsauce
Limettensaft

Zubereitung

1. Knoblauch und Galgant schälen und hacken. Chilischoten entkernen und in Ringe schneiden. Pilze putzen und klein schneiden. Basilikumbättchen abzupfen und in Streifen schneiden
2. Sojaöl im Wok erhitzen, Galgant, Knoblauch und Chilis darin andünsten. Champignons und Shiitake-Pilze zugeben und 3-4 Minuten bei großer Hitze pfannenrühren. Dann die Austernpilze zufügen und kurz mitbraten.
3. Pilzpfanne mit Salz, Pfeffer, Sojasauce, vegetarischer Pilzsauce und etwas Limettensaft würzen.
4. Mit Basilikum bestreuen und sofort servieren.

Tipp: Sehr lecker als Hauptgericht zu gedämpftem Reis oder auch als schnelle Beilage zu einem Reis- oder Nudelgericht.

Pfannengerührter Blumenkohl mit Galgant

Zutaten *(für 4 Personen)*

1 Blumenkohl
4 rote Zwiebeln
1 Stück Galgant (etwa 2 cm), ersatzweise Ingwer
3 EL Sojaöl
150 ml Gemüsebrühe
Salz

Zubereitung

1. Blumenkohl putzen und in kleine Röschen teilen. Zwiebeln schälen und in Spalten schneiden, Galgant schälen und fein hacken.
2. Sojaöl im Wok erhitzen, Blumenkohlröschen und Zwiebeln darin 5-6 Minuten pfannenrühren.
3. Galgant hinzugeben und etwa 4 Minuten weiterbraten.
4. Gemüsebrühe zugießen und das Gemüse kurz weiterdünsten, sodass der Blumenkohl noch Biss hat. Mit etwas Salz abschmecken.
5. Reis dazu servieren.

Tipp: Probieren Sie dieses Gericht doch auch einmal als scharfe Variante: 2 kleine Chilis entkernen und in feine Ringe schneiden. Mit dem Galgant zum Blumenkohl geben.

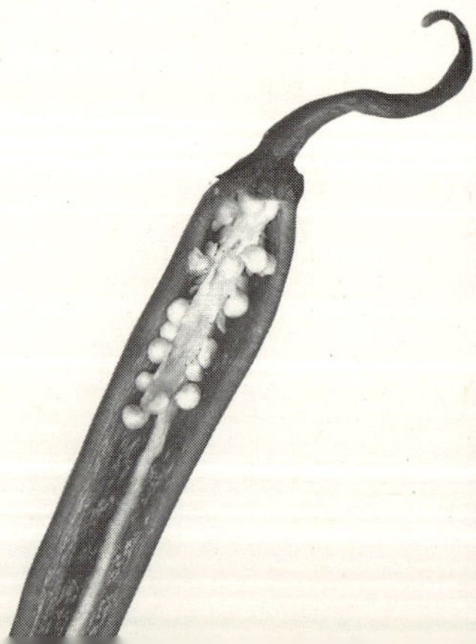

Scharfe Spinatpfanne

Zutaten *(für 4 Personen)*

3 Knoblauchzehen
4 rote Chilischoten
1 kg Wasserspinat (ersatzweise Blattspinat)
4 EL Sojaöl
4 EL vegetarische Pilzsauce
8 EL Gemüsebrühe
4 EL helle Sojasauce
2 EL Roh-Rohrzucker
2 EL Zitronensaft

Zubereitung

1. Knoblauch schälen, Chilischoten entkernen, beides fein hacken. Spinat putzen, waschen und abtropfen lassen.
2. Öl im Wok erhitzen. Knoblauch und Chilis darin andünsten. Vegetarische Pilzsauce unterrühren und den Knoblauch goldbraun braten.
3. Den Spinat unterheben, Gemüsebrühe angießen und den Spinat unter Rühren einmal kurz aufkochen.
4. Sojasauce, Zucker und Zitronensaft verrühren und den Spinat damit würzen.

Tipp: Passt zu Reis- oder Nudelgerichten als Beilage. Oder servieren Sie die Spinatpfanne als leichtes Sommergericht mit Glasnudeln:

Glasnudeln mit kochendem Wasser übergießen, 3-4 Minuten ziehen lassen. In ein Sieb abgießen, kalt abspülen und abtropfen lassen. Scharfen Spinat darauf anrichten. Außerdem Saucen in kleinen Schälchen dazu anbieten, z.B. Limetten-Chili-Sauce (S. 39).

Knusprige Reisnudeln mit Gemüse

Zutaten *(für 4 Personen)*

100 g Zuckerschoten
300 g Tofu
2 kleine Auberginen
4 Stangen Sellerie
1-2 rote Chilischoten
2 Knoblauchzehen
3 EL Erdnussöl
etwa 100 ml Wasser
6 EL helle Sojasauce
Saft einer Limette
2 EL Roh-Rohrzucker
Erdnussöl zum Ausbacken
200 g Reis-Vermicelli

Zubereitung

1. Zuckerschoten putzen und in kochendem Wasser 2-3 Minuten blanchieren. In ein Sieb abgießen, kalt abspülen und abtropfen lassen.
2. Tofu und Auberginen würfeln. Stangensellerie putzen und schräg in Scheiben schneiden. Chilischoten halbieren, entkernen und fein schneiden. Knoblauch schälen und fein hacken.
3. Auberginen, Sellerie und Tofu mit Knoblauch und Chili im Wok im heißen Öl portionsweise goldbraun anbraten. Dann die Zuckerschoten und das Wasser hinzufügen, mit Sojasauce, Limettensaft und Zucker würzen. Mit geschlossenem Deckel köcheln lassen, bis die Auberginen weich sind.

4. Erdnussöl zum Ausbacken 2-3 cm hoch im Wok erhitzen. Das Öl muss sehr heiß sein, sonst funktioniert es nicht! Lieber erst einmal ganz wenige Nudeln hineingeben, um zu sehen, ob sie sich sofort aufblähen und ganz weiß werden. Dann die übrigen Nudeln in kleinen Portionen frittieren. Mit der Schaumkelle herausnehmen und auf Küchenpapier abtropfen lassen.
5. Das Gemüse auf den Reisnudeln anrichten.

Tipp: Wer keine Nudeln frittieren mag, kann sie einfach kurz kochen.

Süßsaures Gemüse mit ausgebackenem Tofu

Zutaten *(für 4 Personen)*

250 g Tofu
Erdnussöl zum Ausbacken
2 Knoblauchzehen
4 Frühlingszwiebeln
1 rote Paprika
1 gelbe Paprika
½ Salatgurke
6 Baby-Maiskölbchen (frisch oder aus dem Glas)
1 Baby-Ananas
4 EL Weißweinessig
4 EL geriebener Palmzucker
1 TL Salz

Tipp: Wer mag, kann den Tofu vor dem Frittieren marinieren. Dafür z.B. 2 gehackte Knoblauchzehen, 2 EL Sojasauce, 1 EL Limettensaft, 2 EL Sojaöl, 1 TL rote Currypaste, 1 EL fein gehackte Kräuter (Koriander, Schnittlauch, Minze) verrühren und die Tofuwürfel darin mindestens 30 Minuten ziehen lassen. Tofu gut abtropfen lassen und zum Ausbacken ins heiße Fett geben. Restliche Marinade mit dem Pfannengemüse erhitzen.

Zubereitung

1. Tofu würfeln. Erdnussöl 2-3 cm hoch im Wok erhitzen, Tofu darin 3-4 Minuten goldbraun ausbacken. Herausnehmen und auf Küchenpapier abtropfen lassen. Erdnussöl bis auf 2 EL zum Braten abgießen.
2. Knoblauch schälen und fein hacken. Frühlingszwiebeln putzen und in 3 cm lange Stücke schneiden. Paprika putzen und in dünne Streifen, Gurke in dünne Scheiben schneiden.
3. Baby-Maiskölbchen längs vierteln. Von der Baby-Ananas den harten Strunk entfernen, Frucht schälen und in Stücke schneiden.
4. Restliches Öl im Wok erhitzen und zuerst den Knoblauch kurz darin anbraten, dann das Gemüse hinzugeben und bei großer Hitze pfannenrühren. Tofu unterheben und alles mit Weißweinessig, Zucker und Salz abschmecken.

Auberginen-Mango-Saté

Zutaten *(für 8-10 Spieße)*

1 längliche Aubergine (etwa 300 g)
Salz
1 Mango (nicht zu reif)
8-10 lange Holz- oder Bambusspieße
3 EL Sojaöl
1 EL grüne Currypaste
2 EL süß-scharfe Chilisauce (Rezept S. 41)
1 EL Weinessig
1 EL Zitronensaft
Sojaöl zum Braten
1 Portion Erdnuss-Sauce (Rezept S. 37)

> **Tipp:** Holz- oder Bambusspieße vor dem Benutzen zum Vollsaugen in Wasser legen oder mit etwas Öl einstreichen, damit sie beim Braten oder Grillen nicht anbrennen. Falls Ihnen die selbst gemachte süß-scharfe Chilisauce zu scharf ist, nehmen Sie fertige aus dem asiatischen Lebensmittelgeschäft.

Zubereitung

1. Aubergine putzen, längs vierteln und in Stücke schneiden. Auberginen salzen und etwa 10 Minuten durchziehen lassen.
2. Mango halbieren, Stein entfernen. Fruchthälften schälen und in etwa 2 x 3 cm große Stücke schneiden.
3. Auberginen mit Küchenpapier trockentupfen. Im Wechsel mit den Mangostücken auf lange Holz- oder Bambusspieße stecken.
4. Eine Marinade aus Sojaöl, grüner Currypaste, 1 EL süß-scharfer Chilisauce, Weinessig und Zitronensaft herstellen. Spieße damit einstreichen und etwa 15 Minuten durchziehen lassen.
5. Öl in einer großen Pfanne erhitzen und die Spieße darin bei kleiner bis mittlerer Hitze rundherum braten. Mit restlicher süß-scharfer Chilisauce bestreichen und mit der Erdnuss-Sauce servieren.

REIS- UND NUDELPFANNEN

Gebratener Reis in der Ananashälfte

Zutaten *(für 4 Personen)*

400 g Duftreis
4 Schalotten
3 Knoblauchzehen
200 g Weißkohl
200 g Shiitake-Pilze
2 mittelgroße Ananas
4-5 EL Erdnussöl
1 TL Currypulver
½ TL Kurkuma (gemahlen)
Salz
Pfeffer
3 Stängel Koriander

Tipp: Beim Einkauf der Ananas sollten Sie darauf achten, dass die Früchte möglichst reif sind und einen schönen Blattschopf haben. Curry- und Kurkumapulver wirklich nur ganz kurz mitbraten, da die Gewürze sonst leicht bitter schmecken. Übrigens ein ideales Gericht, um übrig gebliebenen Reis zu verwerten.

Zubereitung

1. Duftreis im Sieb kalt abspülen, bis das Wasser klar bleibt. In Salzwasser 10 Minuten garen, abgießen, kalt abspülen und abtropfen lassen.
2. Backofen auf 180 °C vorheizen.
3. Schalotten schälen und klein schneiden. Knoblauch schälen und hacken.
4. Weißkohl in kleine Stücke schneiden, Pilze putzen und halbieren.
5. Beide Ananas (inklusive Blattkrone) längs halbieren und das Fruchtfleisch mit einem Messer herauslösen. Holzigen Strunk herausschneiden und das Fruchtfleisch würfeln.
6. Erdnussöl erhitzen und Schalotten und Knoblauch darin goldbraun braten. Currypulver und Kurkuma einrühren. Weißkohl, Pilze, Reis und Ananas zugeben und 4-5 Minuten pfannenrühren, salzen und pfeffern.
7. Reismischung in die Ananashälften füllen und auf dem Rost im vorgeheizten Ofen etwa 10 Minuten garen. Vor dem Servieren mit gewaschenem, klein gehacktem Koriander bestreuen.

Curry-Reis-Pfanne

Zutaten *(für 4 Personen)*

2 Zwiebeln
2 Knoblauchzehen
2 Kartoffeln
½ grüne Paprika
3 EL Erdnussöl
500 g gekochter Duftreis
2 TL Currypulver
1 TL geriebener Palmzucker
6 EL helle Sojasauce
Pfeffer
3 EL Kokosflocken
1 Frühlingszwiebel
5 cm Salatgurke

Tipp: Falls Sie keinen gekochten Reis vom Vortag haben, kochen Sie etwa 1-1 ½ große Tassen Reis in Salzwasser.

Zubereitung

1. Zwiebeln und Knoblauch schälen und fein hacken. Kartoffeln schälen, Paprika waschen und beides in kleine Würfel schneiden.
2. Öl im Wok erhitzen, Zwiebeln und Knoblauch anbraten.
3. Kartoffeln und Paprika zufügen und unter Rühren etwa 10 Minuten braten.
4. Den Reis und das Currypulver zufügen, weitere 1-2 Minuten braten.
5. Dann die übrigen Gewürze hinzufügen und pfannenrühren, bis die Kartoffelstückchen weich sind.
6. Kokosflocken in einer Pfanne ohne Fett goldbraun rösten. Frühlingszwiebel waschen und schräg in dünne Ringe schneiden. Beides über den Reis streuen.
7. Salatgurke schälen und in dünne Scheiben schneiden. Reispfanne damit dekorieren.

Gebratene Nudeln mit Thai-Dip

Zutaten *(für 4 Personen)*

500 g Hokkien-Nudeln (ersatzweise Spaghetti)
1-2 Schalotten
6 Knoblauchzehen
3 Frühlingszwiebeln
1 rote Chilischote
2 Möhren
3 EL Erdnussöl
1-2 EL rote Currypaste
4 EL helle Sojasauce
1 EL Roh-Rohrzucker
Salz
2 Eier (M)
3 Stängel Koriander

Zubereitung

1. Hokkien-Nudeln in sprudelnd kochendem Wasser 2-3 Minuten kochen, abtropfen lassen und warm halten.
2. Schalotten und Knoblauch schälen und fein hacken. Frühlingszwiebeln putzen, Chilischote waschen und entkernen, beides in feine Ringe schneiden. Möhren putzen und in Stifte schneiden.
3. 2 EL Öl im Wok erhitzen, Schalotten, zwei Drittel der Frühlingszwiebeln, Knoblauch, Chili und Currypaste hineingeben und unter Rühren 2 Minuten braten.
4. Die Möhrenstifte zugeben und 5 Minuten pfannenrühren.
5. Die Nudeln hinzufügen, mit Sojasauce, Zucker und Salz würzen und so lange weiterbraten, bis die Möhren bissfest sind.

6. Die Eier verquirlen und in einer separaten Pfanne in 1 EL Öl dünne Omeletts ausbacken. Diese etwas abkühlen lassen, in dünne Streifen schneiden und die Streifen zu Schnecken aufrollen.

7. Korianderblättchen abzupfen, fein hacken und die Nudelpfanne mit den Omelettschnecken, den restlichen Frühlingszwiebelringen und dem Koriander garnieren. Mit Thai-Dip (Rezept S. 43) servieren.

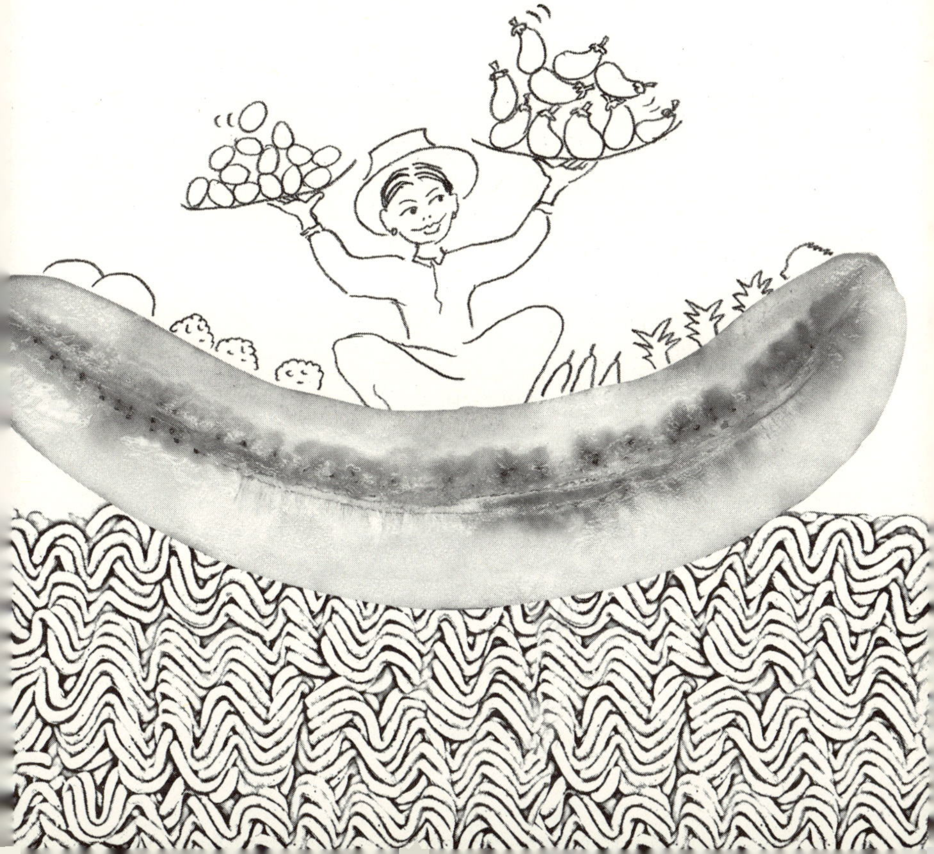

Reisbandnudeln mit Tofu und Zuckerschoten

Zutaten *(für 4 Personen)*

250 g Tofu
Erdnussöl zum Frittieren
4 EL helle Sojasauce
400 g Reisbandnudeln
3-4 kleine Schalotten
1 rote Chilischote
16 schwarze Pfefferkörner
1 TL Salz
200 g Zuckerschoten
200 ml Kokoscreme
6 EL Gemüsebrühe oder Wasser
2 TL Roh-Rohrzucker
1 Frühlingszwiebel

Zubereitung

1. Den Tofu abtropfen lassen und würfeln. Im heißen Öl goldbraun ausbacken, herausnehmen und auf Küchenpapier abtropfen lassen. Eventuell mit heller Sojasauce beträufeln und warm halten.
2. Die Nudeln etwa 10 Minuten in kaltem Wasser einweichen.
3. Inzwischen die Schalotten schälen, die Chilischoten entkernen und beides hacken. Die Pfefferkörner im Mörser zerstoßen, Schalotten, Chili und Salz hinzufügen und alles zu einer Paste verarbeiten.
4. Die Nudeln in einem großen Topf in kochendem Salzwasser etwa 3-4 Minuten kochen, bis sie gar sind, dann in einem Sieb abtropfen lassen, warm halten.
5. Die Zuckerschoten putzen, in kochendem Salzwasser 1-2 Minuten blanchieren, in ein Sieb abgießen, kurz abschrecken.

6. Die Kokoscreme im Wok leicht erhitzen, jedoch nicht kochen. Gemüsebrühe oder Wasser, Zucker und Sojasauce hinzufügen. Die Paste unter Rühren dazugeben, dann alles einige Minuten köcheln lassen.
7. Frühlingszwiebel putzen und in feine Ringe schneiden.
8. Die Nudeln und die Zuckerschoten in die Kokoscreme geben und schnell vermischen.
9. Mit dem frittierten Tofu und den Frühlingszwiebelringen bestreut servieren.

Tipp: Die Nudeln wirklich nur kurz unter die Sauce heben und dann gleich servieren, da sie Sauce aufsaugen. Eventuell mehr Flüssigkeit nehmen. Statt Reisbandnudeln können Sie auch Reis-Vermicelli verwenden. Diese dann entsprechend kürzer garen.

Eiernudeln mit Sprossen und Sellerie

Zutaten *(für 4 Personen)*

400 g Schnellkoch-Eiernudeln (Mie)
2 Knoblauchzehen
2 große rote Chilischoten (mild)
4 Stangen Sellerie
150 g Sojasprossen
4 Frühlingszwiebeln
2 Tomaten
4 EL Erdnussöl
1 TL Chilipulver
6 EL helle Sojasauce
4 EL dunkle Sojasauce
1-2 TL Roh-Rohrzucker

Tipp: Statt Mie-Nudeln können Sie auch Hokkien-Nudeln verwenden. Wenn Sie scharfe Chilischoten verwenden, brauchen Sie kein zusätzliches Chilipulver.

Zubereitung

1. Die Nudeln in siedendes Wasser tauchen, bis sich die Stränge trennen. In dieser Zeit werden sie gar. Abtropfen und beiseite stellen.
2. Den Knoblauch schälen, die Chilischoten entkernen, beides fein hacken.
3. Sellerie putzen und in feine Scheibchen schneiden. Sojasprossen im Sieb heiß überbrühen, kalt abspülen und abtropfen lassen. Frühlingszwiebeln putzen, den weißen und den grünen Teil getrennt in feine Ringe schneiden. Tomaten waschen und in Würfel schneiden.
4. Öl in einem Wok erhitzen. Knoblauch, Chili, den weißen Teil der Frühlingszwiebeln und Sellerie hineingeben und pfannenrühren, bis der Knoblauch goldbraun ist und das Gemüse bissfest gegart.
5. Die gekochten Nudeln und die Sojasprossen hinzufügen und gut umrühren. Mit Chilipulver, Sojasauce und Zucker würzen.
6. Mit grünen Frühlingszwiebelringen bestreut servieren.

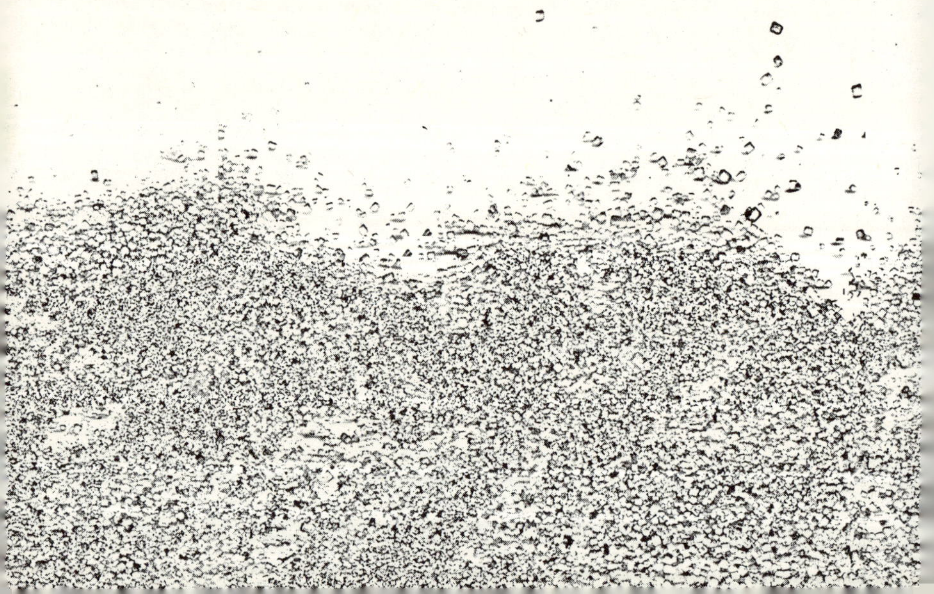

SNACKS

Mini-Frühlingsrollen mit Gemüse-Tofu-Füllung

Zutaten *(für etwa 30 Stück)*

15 Teigblätter für Frühlingsrollen
(20 x 20 cm, tiefgekühlt oder vakuumverpackt)
2 Knoblauchzehen
1 Zwiebel
2 kleine Möhren
200 g Tofu
100 g Sojasprossen
2 Stängel Koriander
3 EL Sojaöl
50 g Bambussprossen-Streifen (Dose)
3 EL vegetarische Pilzsauce
3 EL Sojasauce
½ TL Salz
1 Messerspitze Chilipulver
1 Eigelb
Erdnussöl zum Ausbacken

Zubereitung

1. Teigblätter auf der Arbeitsfläche auftauen lassen.
2. Für die Füllung Knoblauch und Zwiebel schälen und hacken. Möhren schälen und in feine Streifen schneiden. Tofu klein hacken.
3. Sojasprossen im Sieb mit kochendem Wasser überbrühen, kalt abspülen und abtropfen lassen. Sprossen in Stücke schneiden. Korianderblättchen von den Stielen zupfen.
4. Sojaöl im Wok erhitzen, Knoblauch und Zwiebel darin anbraten. Möhren, Tofu und Bambusstreifen zugeben und mitbraten, zuletzt Sojasprossen und Koriander unterheben. Mit vegetarischer Pilzsauce, Sojasauce, Salz und Chilipulver würzen.

5. Teigblätter halbieren und rundherum mit verquirltem Eigelb bestreichen. Je 1 EL vom Pfannengemüse daraufgeben.
6. Teigstreifen an den Längsseiten einklappen, nochmals mit Eigelb bestreichen und eng aufrollen.
7. Röllchen im heißen Erdnussöl in 4-5 Minuten goldbraun backen, herausnehmen und auf Küchenpapier abtropfen lassen.

Tipp: Schön sieht es aus, wenn man jeweils fünf bis sechs Röllchen auf kleinen Tellern stapelt. Dazu reicht man Saucen in Schälchen. Bieten Sie helle Sojasauce, süß-scharfe Chilisauce, und z.B. die Limetten-Chili-Sauce (S. 39) dazu an.

Möchten Sie die Röllchen als Vorspeise für vier Personen anbieten, genügt es, die Hälfte der Füllung herzustellen und die Hälfte der Teigblätter zu verwenden. Reichen Sie dann pro Person drei bis vier Röllchen auf etwas Salat oder bunten Paprikastreifen.

Pfannkuchen mit Weißkohl-Gemüse-Füllung

Zutaten *(für 10-12 Stück)*

3 Eier (M)
125 ml Wasser
1 TL Salz
100 g Weizenmehl
2 Knoblauchzehen
2 Zwiebeln
1 Möhre
150 g Weißkohl
3 Stangen Sellerie
3 Frühlingszwiebeln
80 g Sojasprossen
100 g Blattspinat
3 EL Sojaöl
3 EL helle Sojasauce
1 EL Reisessig
1 TL Roh-Rohrzucker
1 TL gehackter Chili
2 EL gehackte Korianderblättchen
1 Eigelb
Erdnussöl zum Ausbacken
2 EL gerösteter Sesam

Tipp: Limetten-Chili-Sauce (S. 39) dazu servieren.

Zubereitung

1. Eier mit Wasser, ½ TL Salz und Mehl zu einem glatten Teig verrühren, etwa 30 Minuten ruhen lassen.
2. In der Zwischenzeit für die Füllung Knoblauch und Zwiebeln schälen und fein hacken. Möhre schälen. Möhre und Weißkohl in feine Streifen schneiden.
3. Sellerie und Frühlingszwiebeln putzen und in dünne Scheiben schneiden.

4. Sojasprossen und geputzten Spinat im Sieb mit kochendem Wasser überbrühen und abtropfen lassen, klein schneiden.
5. 2 EL Sojaöl im Wok erhitzen. Knoblauch und Zwiebeln darin unter Rühren anbraten, Möhre, Weißkohl, Sellerie und Frühlingszwiebeln zugeben und mitbraten. Sojasprossen und Spinat unterheben. Mit Sojasauce, Reisessig, ½ TL Salz, Zucker, gehacktem Chili und gehacktem Koriander würzen.
6. Eine beschichtete Pfanne mit Sojaöl ausstreichen und nacheinander 10-12 dünne Pfannkuchen ausbacken.
7. 1-2 EL der Gemüsefüllung in die Mitte jedes Pfannkuchens geben. Ränder mit verquirltem Eigelb bestreichen. Pfannkuchen-Enden über die Füllung schlagen, Seiten einklappen, Pfannkuchen aufrollen und die Naht mit Eigelb zukleben, damit beim Frittieren nichts ausläuft.
8. Erdnussöl 3-4 cm hoch im Wok erhitzen. Pfannkuchen-Rollen darin goldgelb ausbacken. Herausnehmen, auf Küchenpapier kurz abtropfen lassen und auf Tellern anrichten. Mit Sesam bestreuen.

Süßkartoffelsticks

Zutaten *(für 4 Personen)*

80 g Weizenmehl
2 Eier (M)
1 TL Salz
1 EL Roh-Rohrzucker
2 EL Sesam
1 TL geröstetes Sesamöl
1 Messerspitze Chilipulver
300 ml Kokosmilch
2-3 Süßkartoffeln (etwa 600 g)
Erdnussöl zum Ausbacken

Zubereitung

1. Mehl, Eier, Salz, Zucker, Sesam, Sesamöl, Chilipulver und Kokosmilch zu einem glatten Teig verrühren.
2. Süßkartoffeln schälen und in fingerdicke Stäbchen schneiden.
3. Erdnussöl 3-4 cm hoch im Wok erhitzen.
4. Stäbchen durch den Teig ziehen, abtropfen lassen und im heißen Fett in 2-3 Minuten goldbraun ausbacken. Herausnehmen und auf Küchenpapier abtropfen lassen.

Tipp: Süßkartoffel-Stäbchen beim Frittieren gut im Auge behalten – sie bräunen sehr schnell. Zu den Sticks passt die süß-scharfe Chilisauce (s. 41) bestens. Sehr lecker ist auch die Erdnuss-Sauce (S. 37). Wer es fruchtiger mag, sollte die Papaya-Koriander-Sauce (S. 38) probieren.

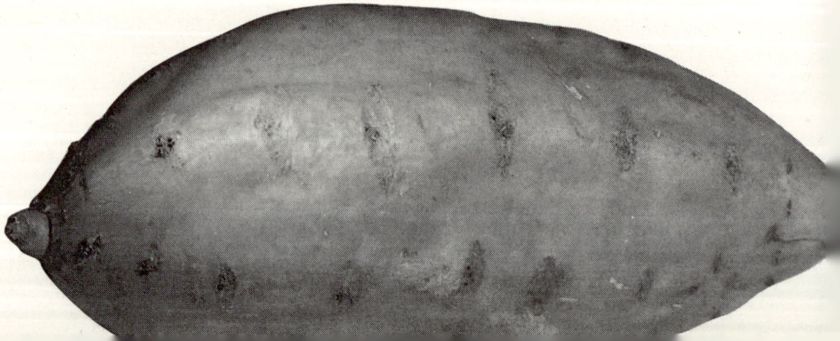

Maisbällchen

Zutaten *(für 12 Stück)*

1 Dose Zuckermais (285 g Abtropfgewicht)
50 g grüne Bohnen
3 Kaffir-Limettenblätter
1-2 EL rote Currypaste
2 EL Roh-Rohrzucker
½ TL Salz
6 EL Semmelbrösel
Semmelbrösel zum Wälzen
Erdnussöl zum Ausbacken

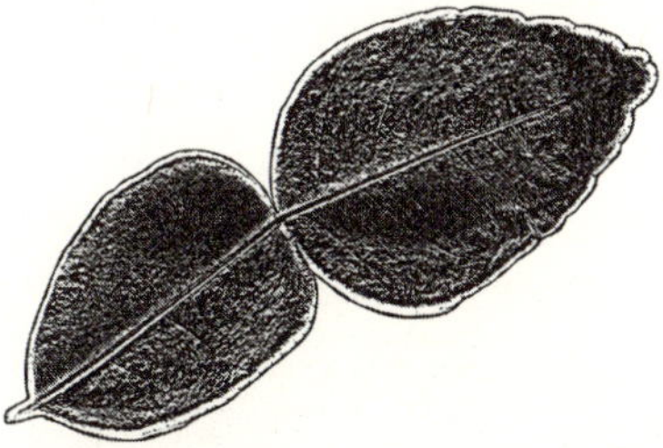

Zubereitung

1. Mais in ein Sieb geben und gut abtropfen lassen. Auf einen mit mehreren Lagen Küchenpapier ausgelegten Teller geben und gut trockentupfen.
2. Bohnen putzen und in Salzwasser etwa 8 Minuten garen. Bohnen abgießen, kalt abspülen und abtropfen lassen. In sehr kleine Stückchen schneiden und ebenfalls trockentupfen.
3. Limettenblätter in feine Streifen schneiden.
4. Zuckermais, Limettenblätter, Currypaste, Zucker und Salz mit dem Stabmixer pürieren. Bohnenstückchen und Semmelbrösel unterheben.
5. Aus der Maismasse mit angefeuchteten Händen 12 pflaumengroße Bällchen formen und in Semmelmehl wälzen.
6. Erdnussöl 2-3 cm hoch im Wok erhitzen. Bällchen im heißen Fett goldgelb ausbacken, herausnehmen und auf Küchenpapier abtropfen lassen.

Tipp: Die Maisbällchen schmecken am besten mit einer pikanten Sauce. Sehr gut passen der Thai-Dip (S. 43) oder die Erdnuss-Sauce (S. 37). Zum Servieren Bällchen portionsweise auf 2-3 großen Salatblättern anrichten. Saucen jeweils in kleinen Schälchen dazustellen.

Frittierter Tofu auf Sprossen-Salat

Zutaten *(für 4 Personen)*

250 g Tofu
Erdnussöl zum Ausbacken
200 g Sprossen-Mix
2 EL Limettensaft
1 EL Weißweinessig
3 EL Orangensaft
2 EL Sojaöl
1 EL Roh-Rohrzucker
1 Chilischote (gehackt)
½ TL Salz

Zubereitung

1. Tofu in feine Streifen oder Würfel schneiden und in heißem Erdnussöl knusprig ausbacken. Mit der Schöpfkelle herausnehmen und auf Küchenpapier abtropfen lassen.
2. Sprossen im Sieb kalt abspülen und abtropfen lassen.
3. Ein Dressing aus Limettensaft, Weißweinessig, Orangensaft, Sojaöl, Zucker, Chili und Salz herstellen und mit den Sprossen vermischen.
4. Sprossen auf vier Tellern verteilen und den ausgebackenen Tofu darauf anrichten.

Knusprige Brotfladen

***Zutaten** (für 10 Fladen)*

350 g Weizenmehl
2 EL Vollrohrzucker
1 Ei (M), leicht geschlagen
230 ml kaltes Wasser
Mehl zum Ausrollen
5 EL Erdnussöl

> **Tipp:** Essen Sie dieses Brot als Snack zwischendurch oder als Beilage zu einem scharfen Curry.

Zubereitung

1. Für den Teig Mehl und Zucker in eine Schüssel geben. In die Mitte eine Mulde drücken, Ei und Wasser hineingeben. Zutaten vermischen und zu einem glatten Teig verkneten.
2. Den Teig in 10 Bällchen teilen. Mit einem Nudelholz jedes Bällchen auf einer mit Mehl bestäubten Arbeitsfläche zu einem runden, hauchdünnen Fladen ausrollen.
3. Crêpepfanne oder Bratpfanne mit Erdnussöl auspinseln und stark erhitzen. Nacheinander 10 goldbraune, knusprige Fladen darin backen, dabei einmal wenden. Das Brot zischt beim Backen und wird an manchen Stellen dunkelbraun.

Eiernetze mit scharfer Füllung

Zutaten *(für etwa 12 Stück)*

1 Zwiebel
1 Knoblauchzehe
½ Stange Lauch
4 große, rote Chilischoten
1 rote Paprika
400 g Tofu
½ Bund Koriander
3-4 EL Erdnussöl
Salz
2 EL Sojasauce
2 Eier (M)
Korianderblättchen zum Garnieren

Zubereitung

1. Zwiebel und Knoblauch schälen und hacken. Lauch putzen und in feine Streifen schneiden.
2. Chilis und Paprika entkernen. Chilis in Ringe, Paprika und Tofu in kleine Würfel schneiden. Korianderblättchen abzupfen und hacken.
3. In einer beschichteten Pfanne 2 EL Erdnussöl erhitzen. Zwiebeln, Knoblauch und Lauch darin unter Rühren anbraten. Chili, Paprika und Tofu zugeben und mitbraten. Mit etwas Salz, Sojasauce und gehacktem Koriander würzen.
4. Eier gut verquirlen. Pfanne mit Erdnussöl auspinseln. Trichter in die Hand nehmen, untere Trichteröffnung dabei mit einem Finger zuhalten. Etwas von der Eiermasse einfüllen und in dünnen Fäden horizontal und vertikal in das heiße Öl laufen und stocken lassen. Portionsweise 12 Eiernetze backen.
5. Eiernetze auf Teller setzen und die Gemüsefüllung darauf anrichten. Mit Korianderblättchen garnieren.

Salaträllchen mit Tofu-Gemüse-Füllung

Zutaten *(für 10-12 Stück)*

1 Salatgurke
1 rote Paprika
3 Frühlingszwiebeln
3 EL Limettensaft
1 EL Roh-Rohrzucker
2 EL helle Sojasauce
1 EL gehackte Minze
1 kleines Stück Ingwer (etwa 2 cm)
2-3 große, rote Chilischoten
100 g Tofu
3 EL Erdnussöl
10-12 Reispapierblätter (à etwa 22 cm Durchmesser)

Tipp: Kleine Schälchen mit Sojasauce oder süß-scharfer Chili-sauce dazu reichen.

Zubereitung

1. Gurke und Paprika entkernen. Frühlingszwiebeln putzen. Alles in dünne Streifen schneiden und mit einer Marinade aus Limettensaft, Zucker, heller Sojasauce und Minze vermischen. Marinade ziehen lassen.
2. In der Zwischenzeit Ingwer schälen, Chilischoten entkernen, beides fein hacken. Tofu trockentupfen und klein würfeln.
3. Erdnussöl in einer Pfanne erhitzen. Ingwer und Chili darin kurz anbraten, Tofu zufügen und pfannenrühren, bis die Tofuwürfel goldbraun gebraten sind. Herausnehmen und mit dem marinierten Gemüse vermischen.
4. Reispapierblätter in einer Schüssel mit kaltem Wasser etwa 1 Minute einweichen, herausnehmen und mit Küchenpapier trockentupfen.
5. Jeweils etwas Salat-Tofu-Mischung in die Mitte des Reispapiers geben und die Enden darüberklappen. Dann von einer Seite her aufrollen.

Auberginenröllchen mit Würzpaste

Zutaten *(für 10-12 Stück)*

80 g Weizenmehl
2 Eier (M)
2 EL Sojaöl
½ TL Salz
1 Messerspitze Chilipulver
1 Messerspitze Kreuzkümmel (gemahlen)
1 Aubergine
1 TL grüne Currypaste
1 EL Bohnensauce
1 EL helle Sojasauce
2 EL gehackte Kräuter (Minze, Koriander)
1 Bund Thai-Schnittlauch
Erdnussöl zum Ausbacken

Zubereitung

1. Für den Teig Mehl, Eier, Sojaöl, Salz, Chilipulver und Kreuzkümmel zu einem glatten Teig verrühren.
2. Aubergine entstielen und längs in dünne Scheiben schneiden.
3. Für die Füllung Currypaste, Bohnensauce, helle Sojasauce und gehackte Kräuter verrühren.
4. Thai-Schnittlauch im Sieb überbrühen, kalt abspülen und abtropfen lassen.
5. Auberginenscheiben jeweils dünn mit etwas Füllung bestreichen und aufrollen. Jeweils mit 1 Halm Thai-Schnittlauch zusammenbinden.
6. Röllchen mit einer Gabel durch den Teig ziehen und im heißen Erdnussöl 4-5 Minuten goldbraun ausbacken. Auf Küchenpapier abtropfen lassen.

Tipp: Dazu passen Papaya-Koriander-Sauce (S. 38) und Limetten-Chili-Sauce (S. 39).

Gegrillte Auberginen und Zucchini mit Ingwer

***Zutaten** (für 4 Personen)*

2 Auberginen
2 kleine Zucchini
Öl für den Rost
1 Stück Ingwer (etwa 2 cm)
4 EL Sojasauce
6 EL Sojaöl

Zubereitung

1. Backofengrill vorheizen.
2. Auberginen und Zucchini putzen und längs in dünne Scheiben schneiden. Scheiben von einer Seite mit einem Messer kreuzweise diagonal einritzen.
3. Backofenrost mit Öl einpinseln.
4. Auberginen- und Zucchinischeiben nebeneinander auf den Rost legen und von beiden Seiten etwa 5 Minuten grillen.
5. In der Zwischenzeit Ingwer schälen und hacken. Mit Sojasauce und Öl verrühren.
6. Auberginen und Zucchini mit der Hälfte der Marinade bepinseln. Nochmals kurz grillen, herausnehmen.
7. Gemüsescheiben mit restlicher Marinade beträufeln und sofort servieren, damit sie knusprig bleiben.

Tipp: Geht auch mit anderen Gemüsearten, wie Paprika (in Streifen) oder blanchierten Möhren- oder Kohlrabischeiben.

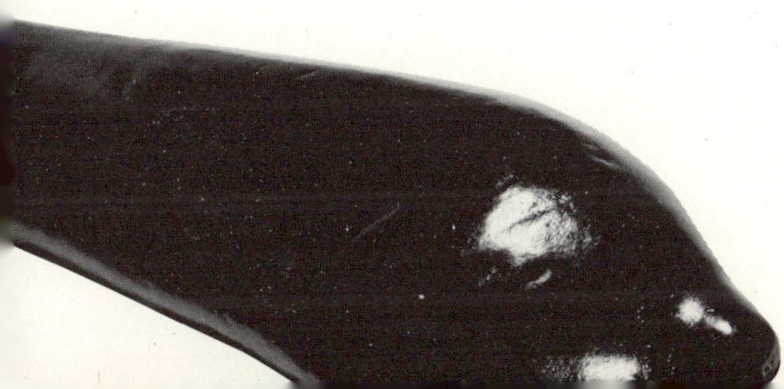

DESSERTS

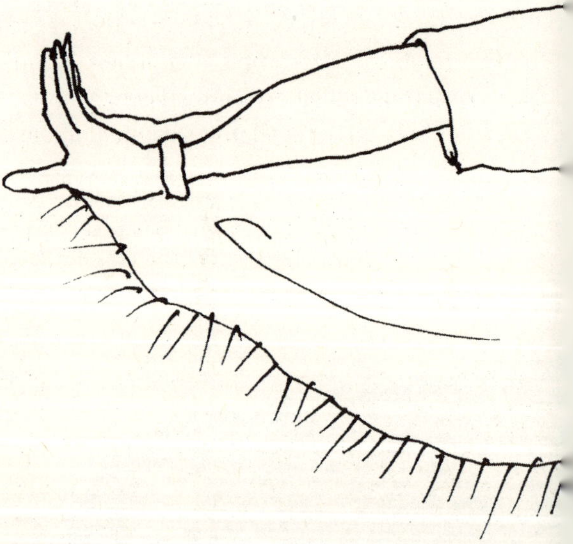

Pfannkuchen mit Kokos und Banane

Zutaten *(für 4 Stück)*

4 EL Kokosflocken
2 Eier (M)
50 g Weizenmehl
1 EL Reismehl
6 EL Roh-Rohrzucker
250 ml Kokosmilch
4 TL Sojaöl
2 große Bananen
1 Limette (unbehandelt)
1 Babyananas
2 EL Butter

Zubereitung

1. Kokosflocken in einer trockenen Pfanne unter Rühren goldgelb anrösten. In einen Teller geben und beiseite stellen.
2. Eier in einer Schüssel schaumig schlagen. Weizenmehl, Reismehl, 2 EL Roh-Rohrzucker und Kokosmilch unter die Eiermasse rühren, sodass ein glatter Teig entsteht. Die Hälfte der gerösteten Kokosflocken unterrühren und den Teig etwa 10 Minuten quellen lassen.
3. Je 1 TL Sojaöl in einer beschichteten Pfanne erhitzen und nacheinander vier dünne Pfannkuchen darin backen, warm halten.
4. Bananen schälen und in Scheiben schneiden.
5. Limettenschale mit einem Messer dünn abschälen und in feine Streifen schneiden. Limette halbieren und den Saft auspressen. Bananenscheiben mit dem Saft beträufeln.
6. Babyananas schälen, längs vierteln und den harten Strunk herausschneiden. Frucht in Scheiben schneiden.

7. Butter in der Pfanne erhitzen. Bananen- und Ananasstücke kurz darin anbraten. Restliche 4 EL Roh-Rohrzucker zugeben, Pfanne schwenken, bis sich der Zucker gelöst hat.
8. Früchte auf den Pfannkuchen verteilen, zur Hälfte zusammenklappen und mit den übrigen Kokosflocken und der Limettenschale bestreuen.

Kokoscreme mit Kardamom

Zutaten *(für 4 Personen)*

250 ml Sahne
250 ml Kokosmilch
½ TL Kardamom (gemahlen)
½ TL Ingwer (gemahlen)
80 g Roh-Rohrzucker
2 Eier (M)
2 Eigelb
exotische Früchte oder kandierte
Ingwerscheiben zum Garnieren

Zubereitung

1. Backofen auf 180 °C vorheizen.
2. Sahne und Kokosmilch mit Kardamom und Ingwer in einem Topf bei kleiner Hitze etwa 5 Minuten köcheln lassen. Zucker zugeben und rühren, bis er sich vollständig aufgelöst hat. Etwas abkühlen lassen.
3. Eier und Eigelb schaumig schlagen und unter die Kokos-Sahne rühren.
4. Creme in 4 feuerfeste Schälchen füllen und in eine ofenfeste Form stellen.
5. Form mit kochendem Wasser auffüllen, sodass die Förmchen zur Hälfte im Wasser stehen. Im vorgeheizten Backofen auf einem Rost etwa 30 Minuten garen, bis die Eiermasse stichfest ist. Herausnehmen, mit etwas Kardamom bestreuen. Mit exotischen Früchten oder kandierten Ingwerscheiben garnieren.

Kokoseis

Zutaten *(für 4 Personen)*

200 ml Sahne
300 g Kokoscreme
2 Eier (M)
2 Eigelb
100 g feiner Zucker
1 Prise Salz
2 EL Kokos-Chips

Zubereitung

1. Sahne und Kokoscreme in einem Topf unter Rühren langsam erhitzen, bis sich die Kokoscreme ganz in der Sahne aufgelöst hat. Nicht kochen lassen! Vom Herd nehmen und zugedeckt beiseite stellen.
2. Eier, Eigelb, Zucker und Salz in einer Metallschüssel schaumig rühren. Im heißen Wasserbad weiterschlagen und die Kokossahne nach und nach unterrühren. Masse so lange im Wasserbad schlagen, bis sie beginnt einzudicken.
3. Masse rasch abkühlen lassen und tiefgefrieren, dabei öfters mit einer Gabel umrühren, damit sich keine großen Eiskristalle bilden. Einfacher geht's mit der Eismaschine: Creme in den vorgekühlten Gefrierbehälter füllen, Gerät anschalten und rühren lassen, bis die Masse fest wird.
4. Mit dem Eisportionierer auf Tellern verteilen und mit Kokos-Chips garnieren.

Tipp: Eiercremes im Wasserbad immer nur erhitzen und nicht aufkochen lassen, sonst gerinnen sie.

Vor allem für Familien, die im Sommer öfter Eis selber machen, lohnt sich die Anschaffung einer Eismaschine. Aus Cremes oder Säften werden so ganz frisch und preisgünstig leckere Eiscremes oder Sorbets.

Mangosorbet

Zutaten *(für 4 Personen)*

1 große reife Mango
1 Limette (unbehandelt)
100 ml Mangosirup
1 Karambole (Sternfrucht)
Zitronenmelisse zum Garnieren

Zubereitung

1. Mango schälen, halbieren und den Stein entfernen. Mango klein schneiden und mit dem Stabmixer pürieren.
2. Limettenschale abreiben. Frucht halbieren und den Saft auspressen. Beides mit dem Mangosirup unter das Mangopüree rühren.
3. Masse in eine flache Metall- oder Kunststoffschale füllen. Im Tiefkühler etwa 2 Stunden gefrieren lassen, dabei öfter mit einer Gabel umrühren, damit sich keine großen Eiskristalle bilden. Oder die Fruchtmasse in die Eismaschine füllen und kalt rühren lassen.
4. Sorbet in Gläser füllen. Karambole quer in Scheiben schneiden. Sorbet mit Karambolesternen und Zitronenmelisse garnieren.

Tipp: Falls keine oder nur harte Mangos erhältlich sind, können Sie für das Sorbet auch fertiges Mangopüree verwenden.

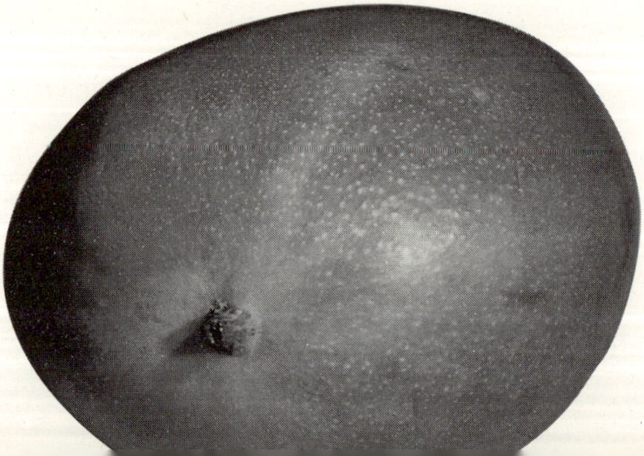

Schwarzer Reis mit Papaya-Mango-Salat

Zutaten *(für 4 Personen)*

1 reife Mango
1 reife Papaya
3 EL Limettensaft
200 g schwarzer Reis
500 ml Wasser
2 Pandanusblätter
250 ml Kokosmilch
50 g geriebener Palmzucker

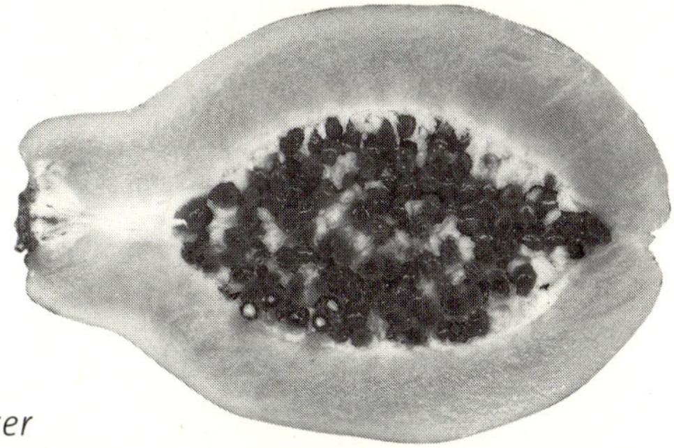

Zubereitung

1. Mango und Papaya schälen. Mangostein und Papayakerne entfernen, Früchte würfeln und mit Limettensaft vermischen.
2. Reis in ein Sieb geben und unter fließendem Wasser waschen, bis das Wasser klar bleibt. Reis in eine Schüssel geben und mit Wasser bedeckt, 2-3 Stunden quellen lassen.
3. Reis abgießen und in den Wok oder in eine Pfanne geben. Das Wasser zugießen und aufkochen lassen. Reis zugedeckt in etwa 20 Minuten bei kleiner Hitze ausquellen lassen. Dann in ein Sieb abgießen und abtropfen lassen.
4. Pandanusblätter längs in Streifen schneiden und wieder zusammenknoten. Kokosmilch, Zucker und Pandanusblätter im Wok aufkochen, Reis zugeben und alles etwa 4 Minuten unter Rühren erhitzen.
5. Vom Herd nehmen und zugedeckt etwa 15 Minuten ziehen lassen. Blätter entfernen und den Reis mit dem Mango-Papaya-Salat auf kleinen flachen Tellern servieren.

Tipp: Die duftenden Pandanusblätter geben dem Reis eine besonders exotische Note. Im asiatischen Lebensmittelgeschäft gibt es sie manchmal auch tiefgefroren, getrocknet oder als Essenz. Aromatische Alternative: Je 1 Messerspitze gemahlene Nelken, Zimt- und Ingwerpulver mit dem Palmzucker und der Kokosmilch aufkochen.

Klebreis mit Ananas

Zutaten *(für 4 Personen)*

400 g Klebreis
2 Limettenblätter
250 ml Kokosmilch
100 g geriebener Palmzucker
1 große, reife Ananas
2 EL Kokos-Chips

Zubereitung

1. Klebreis in ein Sieb geben und unter fließendem Wasser waschen, bis das Wasser klar bleibt. Reis in eine Schüssel geben und mit Wasser bedeckt etwa 2 Stunden quellen lassen.
2. Klebreis abgießen und abtropfen lassen. Im Dämpfeinsatz über kochendem Wasser etwa 45 Minuten garen. In eine Schüssel geben und mit zwei Gabeln auflockern.
3. Limettenblätter fein hacken.
4. Kokosmilch, Limettenblätter und geriebenen Palmzucker unter Rühren aufkochen. Bei kleiner Hitze etwa 5 Minuten köcheln lassen, vom Herd nehmen und über den Reis geben. Gut umrühren und zugedeckt etwa 30 Minuten ziehen lassen.
5. Ananasblätter abschneiden. Frucht schälen, längs achteln und den harten Mittelstrunk herausschneiden. Ananas in Scheiben schneiden.
6. Reis mit Ananas auf kleinen, flachen Tellern anrichten und mit Kokos-Chips garnieren.

Tipp: Schmeckt heiß oder kalt. Als Nachtisch nach einem thailändischen Menü mit mehreren Gängen können Sie die Zutatenmengen einfach halbieren und eine Babyananas anstelle der großen Ananas einkaufen. Für Ingwer-Fans: Kandierte Ingwer-Pflaumen in Scheiben schneiden und den Reis damit garnieren.

Klebreispäckchen

Zutaten *(für 4 Personen)*

400 g Klebreis
250 ml Kokosmilch
Salz
100 g geriebener Palmzucker
2 Bananen
2 EL Limettensaft
80 g Cashewkerne
Bananenblätter (8 Quadrate, 15 x 15 cm)
3-4 EL Sojaöl

Zubereitung

1. Klebreis in ein Sieb geben und unter fließendem Wasser waschen, bis das Wasser klar bleibt. Reis in eine Schüssel geben und mit Wasser bedeckt etwa 2 Stunden quellen lassen.
2. Kokosmilch mit Salz und Zucker aufkochen, abgetropften Reis zugeben und bei kleiner Hitze unter Rühren etwa 20 Minuten köcheln lassen. Vom Herd nehmen.
3. Bananen schälen, längs halbieren und schräg in Scheiben schneiden. Mit Limettensaft beträufeln.
4. Cashewkerne klein hacken und in einer Pfanne ohne Fett anrösten und mit den Bananenscheiben unter den Reis heben.
5. Bananenblätter mit Öl bepinseln und je ein Achtel der Mischung daraufgeben. Aufrollen und die Enden nach unten umklappen.
6. Päckchen in den Dämpfeinsatz geben und ca. 30 Minuten über Wasserdampf garen.

Tipp: In Thailand nimmt man statt der Cashewkerne schwarze Bohnen! Sie können aber auch eingeweichte Rosinen, klein geschnittene Trockenpflaumen oder Ananasstückchen verwenden. Auch mit gerösteten Kokosflocken lässt sich das Dessert nach eigenen Vorlieben variieren.

Wan-Tans mit süßer Füllung

Zutaten *(für 12 Stück)*

1 große Banane
2 EL Tamarindenmus
4 EL Cashewkerne
1 Messerspitze Zimt
24 kleine Wan-Tan-Blätter
Erdnussöl zum Ausbacken
Puderzucker zum Bestreuen

Zubereitung

1. Banane schälen, pürieren und mit Tamarindenmus, Cashewkernen und Zimt vermischen.
2. Je etwa 2 TL der Fruchtmischung auf ein Wan-Tan-Blatt geben, Ränder mit etwas Wasser bepinseln und ein zweites Wan-Tan-Blatt daraufgeben und andrücken.
3. Öl im Topf erhitzen und die Wan-Tans darin goldgelb ausbacken. Mit der Schöpfkelle herausnehmen und auf Küchenpapier abtropfen lassen. Mit Puderzucker bestreuen und warm servieren.

Exotischer Fruchtsalat

Zutaten *(für 4 Personen)*

2 Mangos
1 Papaya
10 Litchis
2 Karambolen
1 Orange
2 Limetten
Zitronenmelisse zum Garnieren

Zubereitung

1. Mangos schälen, Stein entfernen. Papaya halbieren, Kerne mit einem Löffel herausschaben. Beide Früchte in mundgerechte Würfel schneiden.
2. Litchis schälen. Dann das Fruchtfleisch rundherum einschneiden und vom Stein lösen. Karambolen quer in dünne Scheiben schneiden.
3. Orangen- und Limettensaft auspressen und in einer flachen Schale vorsichtig mit den Früchten vermischen.
4. Mit Zitronenmelisse garnieren.

Tipp: Für Partys zusätzlich 1 Wassermelone besorgen. Von dieser im oberen Drittel einen Deckel abschneiden, Fruchtfleisch mit einem Messer herauslösen und in Stücke schneiden. Kerne dabei – so gut es geht – entfernen. Mit übrigen Früchten und dem ausgepressten Fruchtsaft vermischen und in der unteren ausgehöhlten Melonenschale anrichten. Standfest wird die Schale, wenn man die Unterseite mit einem Messer begradigt.

Besonders schön sieht es aus, wenn der Melonenrand mit einem Messer rundherum zackenförmig eingeschnitten wird.

Fruchtspieße

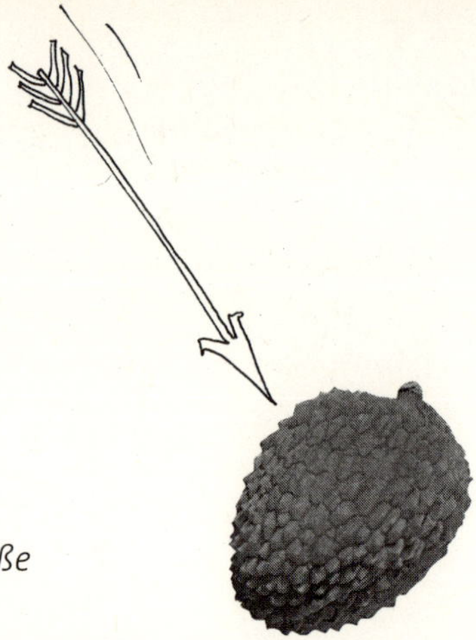

Zutaten *(für 8 Stück)*

4 EL Kokosflocken
½ Netzmelone
1 kleine Ananas
1 große Banane
2 EL Limettensaft
8 lange Holz- oder Bambusspieße
4 EL Kokoslikör

Zubereitung

1. Kokosflocken in einer trockenen Pfanne goldgelb anrösten, herausnehmen.
2. Melonenhälfte entkernen, schälen und in etwa 4 x 4 cm große Stücke schneiden.
3. Blätter der Ananas abschneiden. Frucht schälen, längs achteln und den harten Mittelstrunk herausschneiden. Ananas in Scheiben schneiden.
4. Banane schälen, schräg in nicht zu dünne Scheiben schneiden und mit Limettensaft beträufeln.
5. Fruchtstücke im Wechsel auf Holzspieße stecken und auf Tellern anrichten. Mit Kokoslikör beträufeln und mit den gerösteten Kokosflocken bestreuen.

Tipp: Stilechte Thai-Spieße sind aus Bambus. Wächst eine Bambuspflanze auf Ihrem Balkon oder im Garten, können Sie sich die passenden Hölzchen selber schneiden.

Ebenso dekorativ sind Spieße aus Zitronengras: Stängel längs halbieren oder vierteln und die Fruchtstücke daraufstecken.

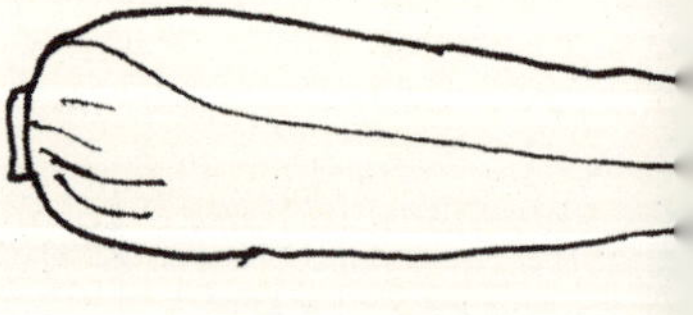

Gegrillte Ananasspieße

Zutaten *(für 12 Stück)*

1 Ananas
12 lange Holz- oder Bambusspieße
2 Limetten (unbehandelt)
5 EL Honig
3 EL Kokoslikör

Zubereitung

1. Blätter der Ananas abschneiden. Frucht schälen, längs vierteln und den harten Strunk herausschneiden.
2. Frucht in 12 Spalten schneiden und auf lange Holz- oder Bambusspieße stecken.
3. Von 1 Limette die Schale mit einem Messer dünn abschälen und in Streifen schneiden oder mit dem Zestenreißer abziehen. Frucht halbieren und den Saft auspressen.
4. Limettensaft, Limettenschale, Honig und Kokoslikör verrühren. Über die Spieße träufeln und etwa 1 Stunde ziehen lassen.
5. Spieße abtropfen lassen und unter dem vorgeheizten Grill oder in einer Grillpfanne goldbraun rösten.
6. Restliche Limette quer in Scheiben schneiden. Spieße mit Limettenscheiben garniert anrichten.

Tipp: Servieren Sie die Ananasspieße doch mal auf Bananenblättern. Auf dem satten Grün sieht dieses beliebte Dessert besonders verlockend aus.

Bananenröllchen mit Mangosauce

Zutaten *(für 12 Stück)*

1 reife Mango
1 Limette (unbehandelt)
3 EL Mangosirup
2 Bananen
1 Eigelb
12 Teigblätter für Frühlingsrollen
(13 x 13 cm, tiefgekühlt oder vakuumverpackt)
Erdnussöl zum Ausbacken
Zitronenmelisse und Limettenschalenstreifen
zum Garnieren

Tipp: Das Ausbacken klappt am besten, wenn nicht mehr als 4-5 Röllchen auf einmal im heißen Fett schwimmen.

Zubereitung

1. Für die Sauce Mango schälen, Fruchtfleisch vom Stein lösen und klein schneiden. Limettenschale abreiben, Frucht halbieren und auspressen.
2. Mango mit der Hälfte der abgeriebenen Limettenschale, 1 EL Limettensaft und 2 EL Mangosirup pürieren und in den Kühlschrank stellen.
3. Bananen schälen und klein würfeln. In eine Schüssel geben und mit 1 EL Mangosirup, restlicher Limettenschale und Limettensaft vermischen.
4. Eigelb verquirlen. Jeweils 1 gehäuften EL der Fruchtmasse auf ein Teigblatt geben. Teigränder mit Eigelb bestreichen, Seiten einschlagen und die Teigblätter aufrollen. Saum ebenfalls gut mit Eigelb zukleben, damit die Füllung beim Ausbacken nicht ausläuft.
5. Erdnussöl 3-4 cm hoch im Wok erhitzen und die Röllchen darin 3-4 Minuten goldgelb frittieren. Herausnehmen und auf Küchenpapier abtropfen lassen.
6. Je 3 Röllchen mit etwas Mangosauce auf Tellern anrichten, mit Zitronenmelisse und Limettenschalenstreifen garnieren.

Sesambananen

Zutaten *(für 4 Personen)*

2 EL Sesam
2 Limetten
2 Bananen
3 EL Butter
1 EL Roh-Rohrzucker

Zubereitung

1. Sesam in einer Pfanne ohne Fett goldbraun rösten, herausnehmen.
2. Limetten auspressen.
3. Bananen schälen und längs halbieren. Butter in der Pfanne schmelzen lassen und die Banane darin von beiden Seiten anbraten.
4. Limettensaft und Zucker zufügen und erhitzen, bis sich der Zucker aufgelöst hat.
5. Bananen auf kleinen Tellern anrichten und mit dem Sesam bestreuen. Warme Limettensauce darüber träufeln.

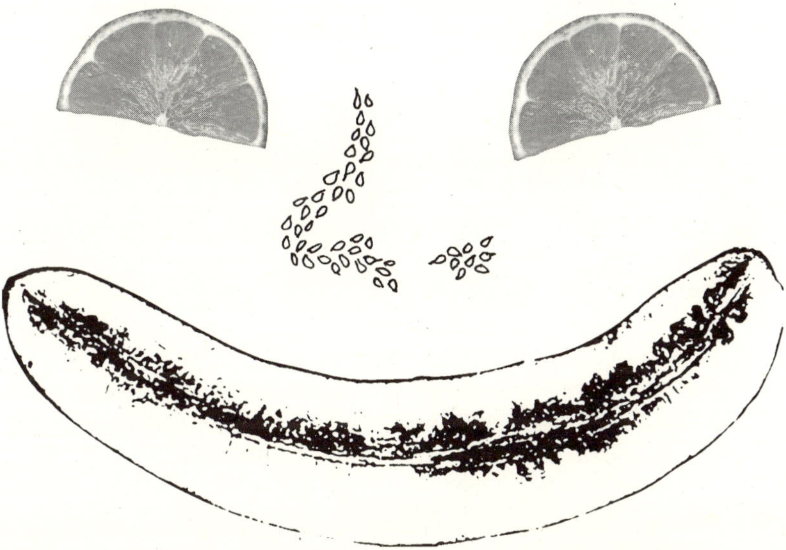

TEES UND DRINKS

Zitronengras-Ingwer-Tee

Zutaten *(für 4-6 Schälchen)*

1 Stängel Zitronengras
1 Stück Ingwer (etwa 3 cm)
900 ml Wasser

Zubereitung

1. Zitronengras putzen und in dünne Ringe schneiden. Ingwer schälen und in feine Scheiben schneiden.
2. Beides in eine Teekanne geben und mit kochendem Wasser überbrühen. Tee mit geschlossenem Deckel 10-15 Minuten ziehen lassen, dabei ab und zu umrühren. Durch ein kleines Sieb abgießen und in Schälchen servieren.

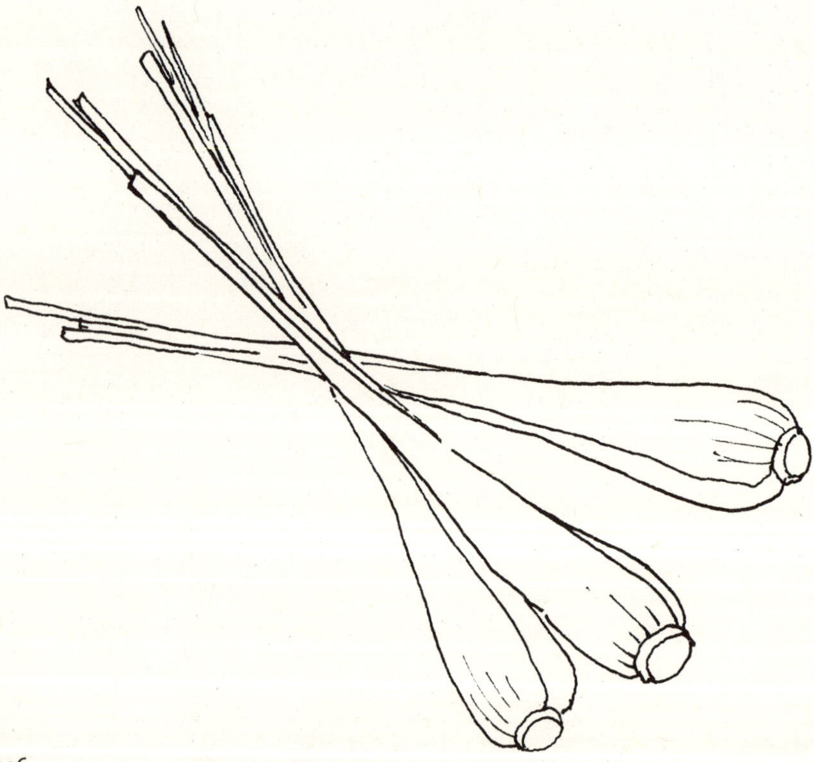

Ingwer-Minze-Tee

Zutaten *(für 4-6 Schälchen)*

1 Stück Ingwer (etwa 3 cm)
4 Stängel Minze
900 ml Wasser

Zubereitung

1. Ingwer schälen und in feine Scheiben schneiden. Minze waschen und trockenschütteln, Blättchen abzupfen und in Streifen schneiden.
2. Beides in eine Teekanne geben und mit kochendem Wasser überbrühen. Tee zugedeckt 8-10 Minuten ziehen lassen. Durch ein kleines Sieb abgießen und in Schälchen servieren.

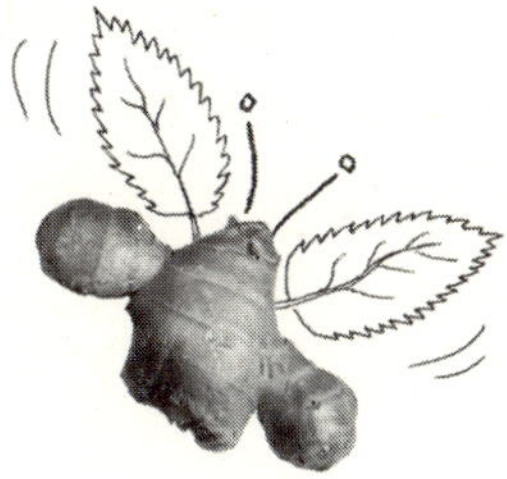

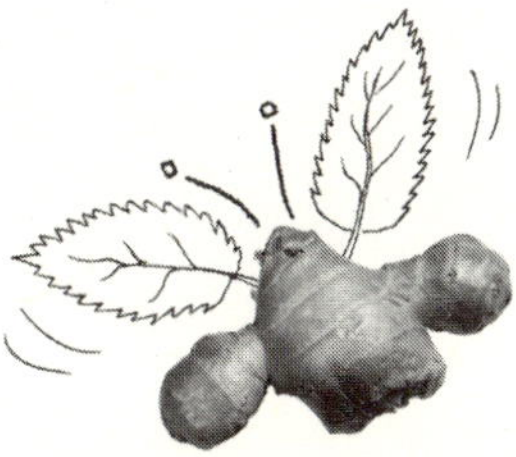

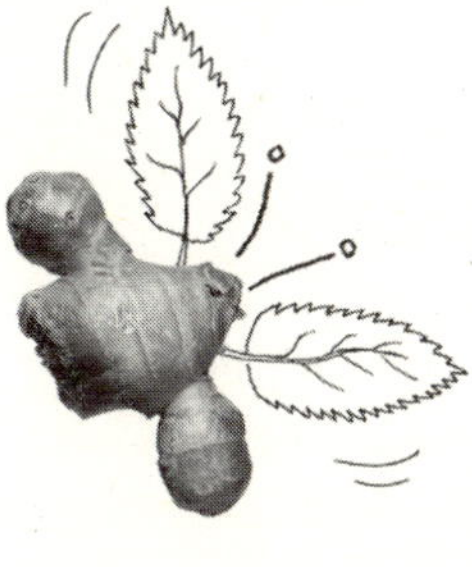

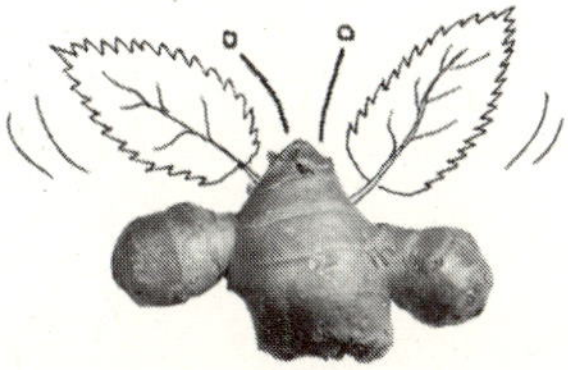

Orangen-Ingwer-Punsch

Zutaten *(für 6 Schälchen)*

1 Stück Ingwer (etwa 4 cm)
500 ml Wasser
1-2 Sternanis
½ Vanilleschote
1 EL grüner Tee
½ Limette
500 ml Orangensaft

Zubereitung

1. Ingwer schälen und in feine Stifte schneiden.
2. Mit dem Wasser, dem Sternanis, und der aufgeschlitzten Vanilleschote im Topf aufkochen und etwa 5-10 Minuten köcheln lassen.
3. Den grünen Tee in einer Kanne mit dem heißen Ingwerwasser übergießen und 2-3 Minuten ziehen lassen. Alles durch ein Sieb in den Topf abgießen und mit der ausgepressten Limette und dem Orangensaft noch mal kurz erhitzen, aber nicht kochen.
4. In die Schälchen füllen und nach Geschmack süßen.

Tipp: Für ein intensiveres Ingweraroma geben Sie in jedes Schälchen vor dem Auffüllen einige Ingwerstifte. Statt grünem Tee kann man auch nur heißes Wasser nehmen.

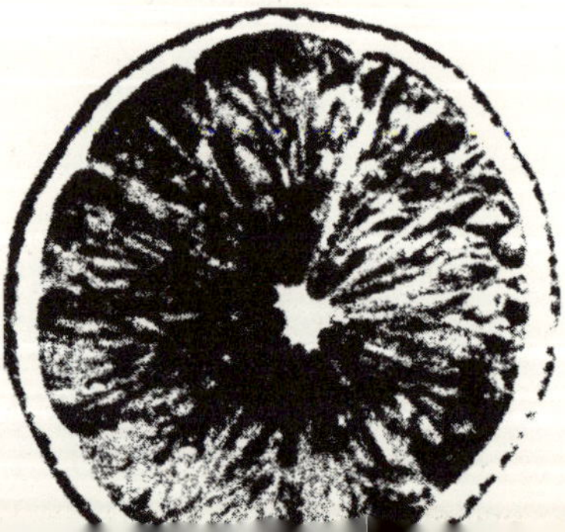

Geeister Jasmintee

Zutaten *(für 4-6 Gläser)*

2 gestrichene EL Jasmintee
1 l Wasser
Roh-Rohrzucker nach Bedarf
zerstoßenes Eis
4 Limettenscheiben zum Garnieren
4 Strohhalme

Tipp: Zerstoßenes Eis lässt sich leicht selbst herstellen. Dafür Eiswürfel in einen Plastikbeutel geben und mit einem Nudelholz zerkleinern.

Zubereitung

1. Jasmintee in eine Teekanne geben, mit etwa 80 °C heißem Wasser (kochendes Wasser etwa 8 Minuten abkühlen lassen) überbrühen und etwa 2 Minuten ziehen lassen.
2. Tee durch ein kleines Sieb abgießen und abkühlen lassen.
3. Nach Geschmack mit Roh-Rohrzucker süßen und mit zerstoßenem Eis, Limettenscheiben und Strohhalmen in Gläsern servieren.

Limettentee mit Chili

Zutaten *(für 4-6 Schälchen)*

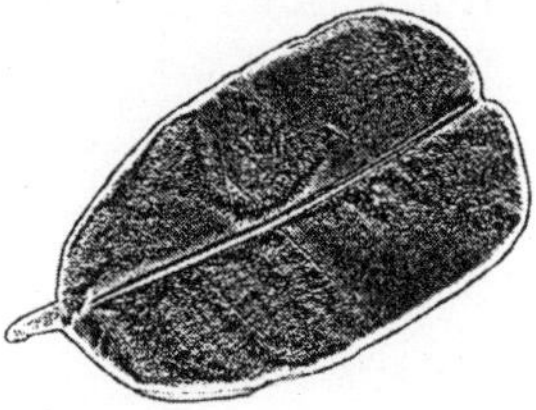

2 Limetten (unbehandelt)
2 Limettenblätter
½ rote Chilischote (entkernt)
900 ml Wasser
Roh-Rohrzucker

Zubereitung

1. Limettenschalen mit einem scharfen Messer spiralförmig dünn abschälen und den Saft auspressen. Limettenblätter mehrmals federförmig einschneiden.
2. Limettenschale, Limettenblätter und Chilischote in eine Teekanne geben, mit kochendem Wasser überbrühen und zugedeckt 10-12 Minuten ziehen lassen.
3. Tee durch ein kleines Sieb abgießen und in Schälchen anrichten. Limettensaft und Roh-Rohrzucker dazu servieren.

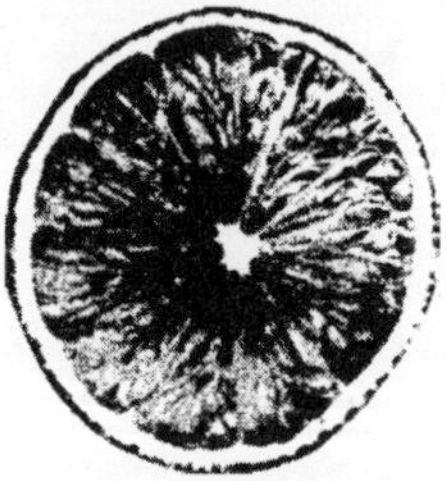

Limetten-Ananas-Saft mit Minze

Zutaten *(für 4 Gläser)*

2-3 Limetten (unbehandelt)
300 g Ananasfruchtfleisch
2 Stängel Minze
500 ml Ananassaft
zerstoßenes Eis

Zubereitung

1. Limetten heiß waschen, trockenreiben und mit Schale vierteln. Ananasfruchtfleisch in Stücke schneiden und pürieren. Von 1 Stängel Minze die Blättchen abzupfen und fein hacken.
2. Limettenstücke auf 4 Gläser verteilen und mit einem Stößel zerdrücken. Ananaspüree und Minze zugeben, mit Ananassaft und etwas zerstoßenem Eis auffüllen und umrühren.
3. Restliche Minzeblättchen abzupfen und die Gläser damit garnieren.

Mango-Limetten-Saft

Zutaten *(für 4 Gläser)*

1 reife Mango
3 EL Mangosirup
50 ml Limettensaft
400 ml eiskaltes Wasser
1 Limette

Zubereitung

1. Mango schälen und das Fruchtfleisch vom Stein schneiden.
2. Mit dem Stabmixer pürieren. Mit Mangosirup, Limettensaft und dem Wasser verquirlen. Drink in Gläser füllen.
3. Limette achteln. Je 2 Limettenstücke auf ein Spießchen stecken und die Drinks damit garnieren.

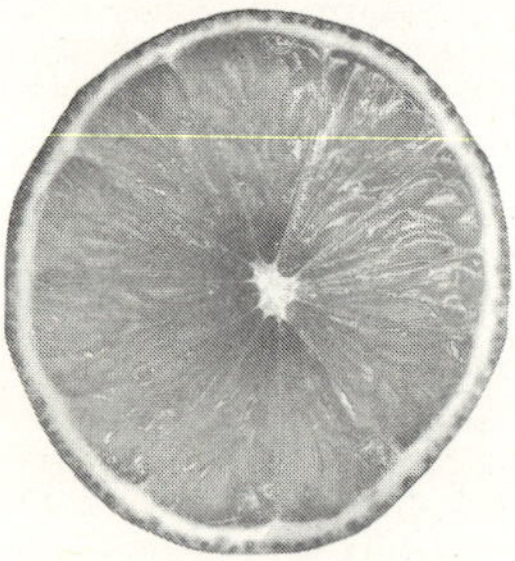

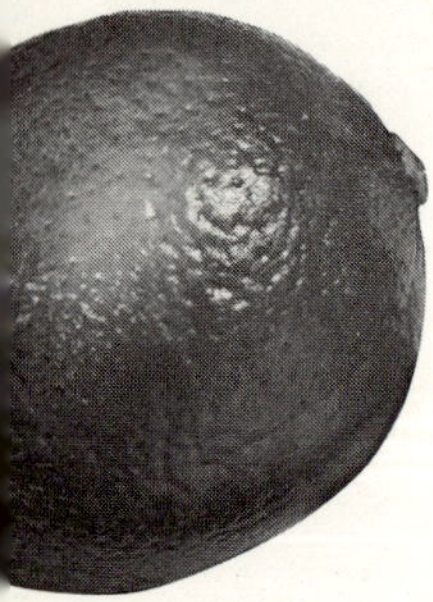

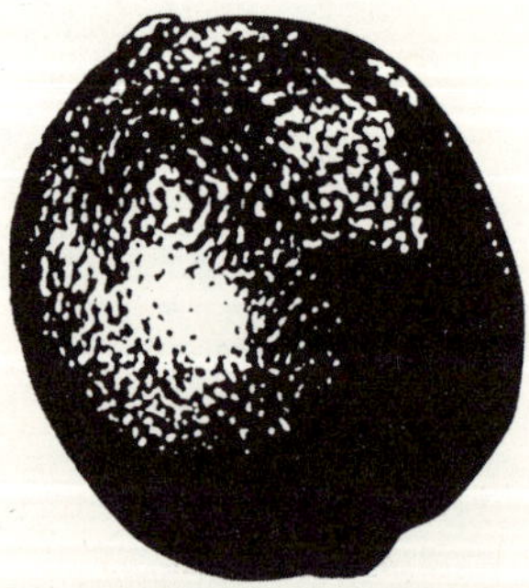

Melonensoda

Zutaten *(für 4 Gläser)*

½ Netzmelone
1 Limette
2 Orangen
Eiswürfel
Sodawasser

Zubereitung

1. Netzmelone schälen, entkernen, klein schneiden und pürieren.
2. Limette und Orangen auspressen und den Saft mit dem Fruchtpüree vermischen.
3. Mit Eiswürfeln in Gläser geben und mit Sodawasser auffüllen.

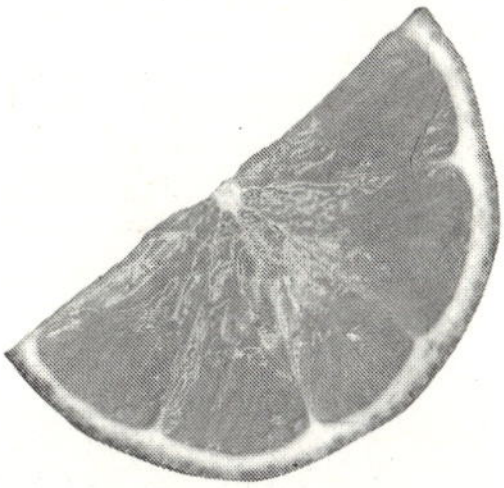

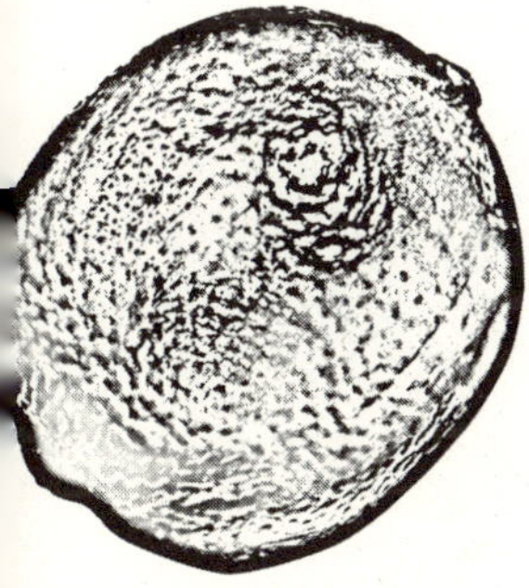

Kokos-Ananas-Soda

Zutaten *(für 4 Gläser)*

4 Kugeln Kokoseis (Rezept S. 133)
2 EL Kokoscreme
200 ml Kokosmilch
200 ml Ananassaft
1 EL Zitronensaft
Sodawasser zum Auffüllen
4 Stücke Ananas zum Garnieren

Zubereitung

1. Alle Zutaten bis auf das Sodawasser und die Ananasstückchen im Mixer verquirlen.
2. In Gläser geben, mit Sodawasser auffüllen und mit Ananasstücken garnieren.

Kokosmilch mit Fruchtpüree

Zutaten *(für 4 Gläser)*

2 Maracujas
2 EL Kokoscreme
300 ml Kokosmilch
300 ml Ananassaft
3-4 EL Limettensaft

Zubereitung

1. Maracujas halbieren, das Fruchtfleisch herauslöffeln und pürieren.
2. Kokoscreme, Kokosmilch, Ananas- und Limettensaft im Mixer verquirlen und in Gläser füllen.
3. Fruchtpüree gleichmäßig auf die Gläser verteilen und mit einer Gabel spiralförmig darin verteilen.

Rezeptindex

Die Autorinnen

Nicola Koch studierte Kommunikationsdesign in Darmstadt, wo sie auch lebt und arbeitet. Sie war zunächst in Designbüros und Werbeagenturen tätig und ist nun seit einigen Jahren freischaffende Grafikerin, Illustratorin und Künstlerin. Neben der Ausarbeitung der Rezepte und der redaktionellen Mitarbeit hat sie das Buch mit eigenen Illustrationen und Fotografien gestalterisch in Form gebracht.

Ines Teitge-Blaha studierte in Gießen Ökotrophologie und arbeitete mehrere Jahre als Food-Redakteurin bei verschiedenen Zeitschriften in Hamburg und München. In den Versuchsküchen hat sie sich intensiv mit der asiatischen Küche beschäftigt, Traditionelles kennengelernt und Neues daraus kreiert. Heute ist sie Mutter von 3 Kindern und lebt als freie Food-Journalistin in Marburg. Für das thailändische Kochbuch hat sie die Rezepte entwickelt und den redaktionellen Teil ausgearbeitet.

Vegetarisches aus aller Welt

Kerstin Lautenbach-Hsu:
Vegetarisch kochen – chinesisch
ISBN: 978-3-89566-259-1

Gertrud Dimachki:
Vegetarisches aus 1001 Nacht
ISBN: 978-3-89566-169-3

Abla Maalouf-Tamer:
Vegane Köstlichkeiten – libanesisch
ISBN: 978-3-89566-284-3

Petra Skibbe und Joachim Skibbe:
Toskana vegetariana
ISBN: 978-3-89566-278-2

Gesamtverzeichnis bei: pala-verlag, Rheinstraße 35, 64283 Darmstadt,
www.pala-verlag.de , E-Mail: info@pala-verlag.de

ISBN: 978-3-89566-255-3

Rheinstr. 35, 64283 Darmstadt
2. korrigierte Auflage
Die erste Auflage erschien 2004.

www.pala-verlag.de

Illustrationen, Fotos und Gestaltung:
Nicola Koch
Lektorat: Barbara Reis
Druck: fgb • freiburger graphische betriebe
www.fgb.de

Dieses Buch ist auf Papier aus
100 % Recyclingmaterial gedruckt
und klimaneutral produziert.

Print CO2 geprüft